ストーリー
法人破産
申立て

一般社団法人 金融財政事情研究会

本書のコンセプト

ストーリーを追うことで法人破産申立ての追体験ができます

本書は、法人破産申立てを基礎からわかりやすくお伝えすることを目指しています。

初回相談における聴取事項から、事業停止に至るまでの準備事項、Xデー当日の動き、破産手続開始申立後の流れ、申立後の破産管財業務などについて、2つの事案を用いたストーリーにまとめています。

法人破産申立ての一連の動きについて、すべてをストーリー形式でまとめた点は、類書にない特色です。

本書をご覧いただくことによって、法人破産申立てを追体験することができます。

申立代理人の動きや考え方を「見える化」しました

事業継続中の法人の破産申立てにおいては、限られた時間のなかで申立てに向けた準備を行わなければなりません。

法人破産申立ての申立代理人は、「走りながら考える」ことが必要です。

本書では、申立代理人の考え方や思考過程を可能なかぎり「見える化」するよう心がけています。

事件解決の多様性と各執筆者が共有している感覚を明示しています

法人破産申立てでは、同じ事案であっても、さまざまな解決方法や処理方針が考えられますが、他方で、多くの弁護士がその経験から感覚を共有している点も多々あります。

本書では、こうした点を可能なかぎり言語化して、随所に反映しています。

ある程度法人破産申立ての経験を積まれたあとに改めて本書を読み返していただくと、初読のときには読み取れなかった新しい発見を得ることができるかもしれません。

特定調停を利用した経営者保証に関するガイドラインによる債務整理の手順についてもストーリー形式で掲載しました

法人の代表者が法人の債務を保証している事案が多くみられます。

本書では、代表者の保証債務について、破産による法的整理に加えて、特定調停を利用した経営者保証に関するガイドライン（経営者保証ガイドライン）による債務整理の手順についても、ストーリー形式で取り上げています。

　法人破産申立てをストーリーで学ぶ、しかも短時間で具体的なイメージができる。それが本書です。

　法人破産申立ては、弁護士であれば避けて通ることができないジャンルのひとつではありますが、新人・若手弁護士や初めて法人破産申立てを手がける弁護士にとっては、消費者破産とはかなり異なると認識しつつも、具体的なイメージがしにくい面がありました。そこで、相談段階から、破産申立て、手続の終結まで、2つのストーリーを会話で展開し、登場人物の喜怒哀楽も含めて、読みやすい1冊としました。

　本書のもとになる連載として、「連載　若手弁護士必読　基礎からわかる法人破産申立て」を事業再生と債権管理161号（2018年）から172号（2021年）まで全12回にわたり掲載していただきました。

　本企画の監修者である私は、これまでに、編著者として、『法人破産申立て実践マニュアル［第2版］』（青林書院、2020年）や『実践フォーラム　破産実務』（青林書院、2017年）を、共著者として、破産管財人の観点から『破産管財実践マニュアル［第2版］』（青林書院、2013年）といった実務書をまとめてきました。これらを駆使して適切かつ迅速な法人破産申立てを行うにあたり、まずは初めて法人の破産申立てを行う場合にどうやって進めていけばよいのかイメージできるものを提供しようとしたのが、本書です。もちろん、実際の現場では、さまざまな考慮要素を同時並行で繰り返し検討しながら進めますので、限られたスペースのなかでは伝えきれない面はありますし、一概にはいえない面もありますが、まずは本書でイメージを持っていただき、その後はこれら3冊をはじめとする各種実務書と併せ読んでいただくことで、読者のみなさまに何らかの気づきがあれば幸いです。

　また、法人破産申立ての分野では、新しい流れとして、経営者保証ガイドラインによる保証債務の整理、すなわち法人は破産を選択したとしても、代表者ら保証人は破産せずとも保証債務を整理できることが明確になりました。私が編著者として作成した『実践　経営者保証ガイドライン』（青林書院、2020年）では、「経営者保証ガイドラインをファーストチョイスに！」と呼びかけていますが、本書でもこの最新の実務を真正面から捉えています。この点も事案ごとの判断であり、代表者ら保証人も破産を選択する場合もまだまだ多くありますが、経営者保証ガイドラインという選択肢を積極的に検討し、チャレンジし

ていただきたいと思います。

　私たちが当たり前と思っていたことが、実は共通理解ではないのかも、と気になったことが本企画スタートのきっかけでした。私たちが大切に思う「感覚の共有」のためには、伝え続けるという不断の努力が必要だと痛感します。

　本書の執筆者10名は、前述した『実践フォーラム　破産実務』の際にサポートメンバーとして参加されたみなさんです。「感覚の共有」を大切にする彼らが今回のコアメンバーとなります。

　以下は、連載を終えるにあたって、監修者からの最後のコメントとして書いたところです。本書のはしがきにも書いておきたいと思います。

　事業を停止して、債権者に通知し、ほとぼりが冷めたあとで準備をして、破産申立て、破産手続開始決定が出たら申立代理人の仕事は終わり！　ではないことを分かっていただきたいと思います。最後の選択肢である破産を選択せざるを得ないなかでも、多数の債権者、利害関係人にいかに迷惑をかけしないようにできるか考え、実行することが大切でしょう（本書の事案においては検討したものの断念した事業再生の可能性についても積極的に検討し、取り組んでいただきたいと思います）。端的にいえば、やはり早期申立てでしょう。そのことは代表者の再チャレンジにも資することとなります。

　最後に、本企画を快くお引き受けいただいた一般社団法人金融財政事情研究会と連載の企画化を一緒に考えていただいた「事業再生と債権管理」の前編集長堤英紀氏及び本書の編集までご担当いただいた現編集長の柴田翔太郎氏に感謝申し上げます。

2022年4月

弁護士　野　村　剛　司

■監修者・執筆者

野村　剛司（弁護士）

1993年東北大学法学部卒業。1998年弁護士登録（50期・大阪弁護士会）。2003年なのはな法律事務所開設。2006年から日本弁護士連合会倒産法制等検討委員会委員、2013年から全国倒産処理弁護士ネットワーク常務理事。2014年から2016年まで司法試験考査委員（倒産法担当）。

『倒産法』（青林書院）、『倒産法を知ろう』（青林書院）、『破産管財実践マニュアル〔第2版〕』（共著、青林書院）、『法人破産申立て実践マニュアル〔第2版〕』（編著、青林書院）、『実践フォーラム　破産実務』（編著、青林書院）、『民事再生実践マニュアル〔第2版〕』（共編著、青林書院）、『実践　経営者保証ガイドライン』（編著、青林書院）、『未払賃金立替払制度実務ハンドブック〔第2版〕』（独立行政法人労働者健康安全機構賃金援護部審査課協力、金融財政事情研究会）ほか多数。

なのはな法律事務所
〒530-0047　大阪市北区西天満4-3-4　御影ビル2階
TEL：06-6311-7087／FAX：06-6311-7086

■執筆者（修習期順）

小川　洋子（弁護士）

2003年弁護士登録（56期・愛知県弁護士会）

弁護士法人 TRUTH&TRUST
〒460-0002　名古屋市中区丸の内1-15-9　スガキコ第2ビル5階
TEL：052-221-1313／FAX：052-204-0313

森本　純（弁護士・弁理士）

2005年弁護士登録（58期・大阪弁護士会）

金子・中・森本法律特許事務所
〒530-0047　大阪市北区西天満4-3-25　梅田プラザビル別館9階
TEL：06-6364-6411／FAX：06-6364-6410

今井　丈雄（弁護士）

2007年弁護士登録（60期・千葉県弁護士会）

今井法律事務所
〒260-0021　千葉市中央区新宿2-2-9　ひぐらしビル201
TEL：043-241-8509／FAX：043-241-8613

岡田　雄一郎（弁護士）
2007年弁護士登録（60期・長崎県弁護士会）
長崎清和法律事務所
〒850-0876　長崎市賑町5-21　パークサイドトラヤビル3階
TEL：095-821-1070／FAX：095-829-0312

河野　ゆう（弁護士）
2007年弁護士登録（60期・和歌山弁護士会）
河野・惣谷法律事務所
〒640-8331　和歌山市美園町4-81　和歌山イーストプラザⅠ号館4階B号
TEL：073-488-2470／FAX：073-488-2480

森　智幸（弁護士）
2007年弁護士登録（60期・岡山弁護士会）
岡山ひかり法律事務所
〒700-0818　岡山市北区蕃山町3-7　両備蕃山町ビル8階
TEL：086-223-1800／FAX：086-223-1811

浅井　悠太（弁護士）
2008年弁護士登録（61期・京都弁護士会）
浅井法律事務所
〒604-8166　京都市中京区三条通烏丸西入御倉町85-1　KDX烏丸ビル8階
TEL：075-241-0571／FAX：075-241-0572

丸島　一浩（弁護士）
2008年弁護士登録（61期・千葉県弁護士会）
弁護士法人リバーシティ法律事務所
〒272-0033　千葉県市川市市川南1-9-23　京葉住設市川ビル5階
TEL：047-325-7378／FAX：047-325-7388

管納　啓文（弁護士）
2009年弁護士登録（62期・福岡県弁護士会）
弁護士法人みらい法律事務所
〒810-0023　福岡市中央区警固1-12-11　アーバンスクエア警固6階
TEL：092-781-4148／FAX：092-715-5859

山本　隼平（弁護士）
2011年弁護士登録（64期・大阪弁護士会）
藤井薫法律事務所
〒530-0047　大阪市北区西天満5-14-7　和光ビル6階
TEL：06-6316-7311／FAX：06-6316-7312

参考文献

　主な参考文献は、以下のとおりです（各章の『一歩先へ』では参照ページも紹介しています）。法人破産の申立てに当たって、ぜひ本書とともにご活用ください。

1　破産実務全般

破産 Q&A	木内道祥監修・全国倒産処理弁護士ネットワーク編『破産実務 Q&A 220問〈全倒ネット実務 Q&A シリーズ〉』（金融財政事情研究会、2019年）
実践フォーラム	野村剛司編著『実践フォーラム 破産実務』（青林書院、2017年）

2　破産申立て

法人マニュアル	野村剛司編著『法人破産申立て実践マニュアル［第2版］』（青林書院、2020年）
申立マニュアル	東京弁護士会倒産法部会編『破産申立マニュアル［第2版］』（商事法務、2015年）
運用と書式	川畑正文＝福田修久＝小松陽一郎編『破産管財手続の運用と書式［第3版］』（新日本法規出版、2019年）

3　破産管財

実践マニュアル	野村剛司＝石川貴康＝新宅正人『破産管財実践マニュアル［第2版］』（青林書院、2013年）
手引	中山孝雄＝金澤秀樹編『破産管財の手引［第2版］』（金融財政事情研究会、2015年）
運用と書式	川畑正文＝福田修久＝小松陽一郎編『破産管財手続の運用と書式［第3版］』（新日本法規出版、2019年）
はい6民	川畑正文ほか編『はい6民です お答えします　倒産実務 Q&A［第2版］』（大阪弁護士協同組合、2018年）
福岡破産法実務	福岡県弁護士会倒産業務等支援センター委員会編『破産法実務［全訂版］』（福岡県弁護士会・福岡県弁護士協同組合、2021年）

4　未払賃金立替払制度

立替払ハンドブック	野村剛司著・独立行政法人労働者健康安全機構賃金援護部審査課協力『未払賃金立替払制度実務ハンドブック［第2版］』（金融財政事情研究会、2021年）

5　経営者保証ガイドライン

実践GL	野村剛司編著『実践 経営者保証ガイドライン』（青林書院、2020年）
GL実務と課題	小林信明＝中井康之編『経営者保証ガイドラインの実務と課題［第2版］』（商事法務、2021年）

CONTENTS

第1章　ストーリー I　法人破産・オープン型

SCENE 1　初回相談〜Xデー・申立て　　　　　　2

SCENE 2　Xデー当日の動きと事前準備　　　　　16

SCENE 3 申立準備〜破産管財人への引き継ぎ   30

SCENE 4 破産管財人の活動   43

第2章 ストーリーⅡ 法人破産・密行型

SCENE 1 初回相談〜Ｘデー前日   48

第3章　ストーリーⅠ・Ⅱの振り返り（法人破産申立ての諸論点）

第4章 経営者保証ガイドラインを利用した債務整理

第5章 座談会
走りながら考える　答えはひとつじゃない

登場人物と人物相関図

シンド商会人物相関図

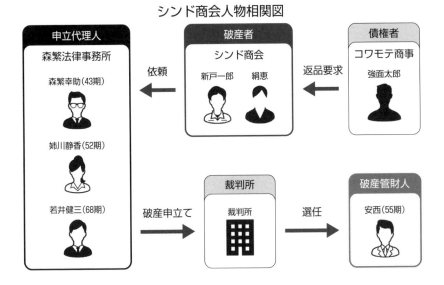

スーパーヌクイ人物相関図

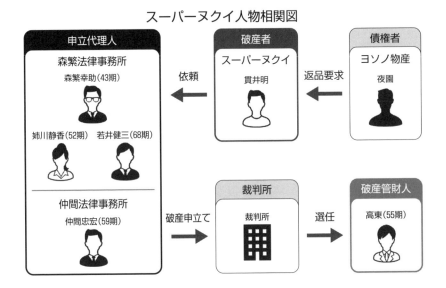

第1章

ストーリーⅠ
法人破産・オープン型

初回相談
～Xデー・申立て

突然の相談
初回相談の負担はできるだけ軽く

森繁　姉川さん、若井さん、明日10時に株式会社シンド商会という会社の相談を入れた。来週にも資金ショートするらしい。スピード勝負だ。

　　　3連休の初日に申し訳ないが、一緒に入ってくれ。新戸社長だけでは経理の細かいところまで把握できていないようなので、経理を担当している新戸社長の妻にも一緒に来てもらうよう伝えてある。

姉川　わかりました。若井さんは、法人の債務整理の経験はなかったかな。

若井　はい。頑張ります。

　シンド商会はオフィス家具の卸を行う創業25年の中小企業。新戸は叩き上げの創業者。近年は大型店舗の台頭やネット通販の勢いに負けて業績は悪化の一途をたどり、資金繰りも厳しい状況に。顧問税理士から森繁弁護士を紹介された。

森繁　新戸社長に負債の状況を確認したところ、公租公課の滞納や給料の遅配はないが、金融機関と取引先に対する負債が3億円ほどあるそうだ。

　　　ひとまず直近2期分の確定申告書の控えと決算書だけでも持ってきてもらうようにお願いしておいた。

若井　それだけで足りるんですか。ほかに、会社の登記事項証明書や資金繰り表、直近の試算表、取引先名簿、買掛先リスト、売掛先リスト、預金の取引履歴、手形・小切手帳、売掛帳、請求書の綴り、自動車検査証、保有不動産の登記事項証明書、各種の契約書類とかは必要ではないですか。

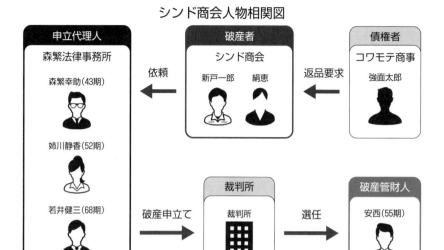

シンド商会人物相関図

森繁 もちろん、あればそれに越したことはないけど、最初からそんなにあれもこれもとなれば先方も困るだろう。いまは大変な状態だろうし、明日までに時間もない。相談前の負担はできるだけ軽くしたほうがよいと思って、すぐに用意できるものだけお願いしたんだよ。

姉川 会社の登記事項証明書は、こちらで取りましょうか。

森繁 頼むよ。若井さんがいってくれた資料は、いずれ必要になるから、若井さんがリスト化しておいてくれ。相談の時、新戸社長にお渡ししよう。

若井 はい、すぐに作成します。

森繁 それから、今後、君たちが新戸社長に連絡することもあると思うけど、会社の固定電話だと会社の誰が出るかわからないし、書面を送る場合もFAXだと会社の誰が受け取るかわからない。新戸社長に会って連絡方法を確認するまでは、こちらからの連絡は新戸社長の携帯電話だけにしよう。

🕐 **7月14日(土) 10時**

新戸は、案内された相談室で待つ間も、従業員や取引先のことを思い、

気が重かった。出口の見えない不安に押しつぶされそうになっていた。

相談スタート
まずは現状の把握

森繁　弁護士の森繁です。こちらは、姉川弁護士と若井弁護士です。一緒に
ご相談をうかがいます。

新戸　シンド商会の新戸一郎でございます。本日は急に申し訳ありません。
こちらは妻で弊社取締役の絹恵です。経理をみています。

絹恵　よろしくお願いいたします。

森繁　早速ですが、昨日の電話では、負債が3億円ほどで、来週にも資金が
ショートするとか。

新戸　はい。来週の金曜日（7月20日）に1000万円の手形が不渡りになって
しまいます。

森繁　御社はオフィス家具を取り扱われているのですよね。

新戸　そうです。会社用の事務机や棚などの卸売りをしています。

　森繁は、さらにシンド商会の主力商品、主要販売先、販売実績などの事
業内容や負債の内訳等について確認した。

森繁　決算書をみますと、ここ3年間ずっと営業赤字が続いているのですね。
資金繰りが苦しくなったのは、どのようなご事情からでしょうか。

新戸　6年前くらいからでしょうか。外国の家具メーカーの大型店舗ができ、
家具のネット通販が一般的になって、だんだん受注が減りまして……。い
ろいろと営業をかけ、格安での販売などもしたのですが、なかなかうまく
いかず……。

絹恵　最近は、運送会社からの通告で輸送費が高くなったこともあり、ます
ます苦しくなりました。

手続選択
あらゆる可能性を排除せず検討を

森繁 まず、御社の資金繰りを確認させてください。資金繰り表は作成していますか。

新戸 いいえ。すみません。

森繁 構いませんよ。よくあることですから。お話をうかがいながら一緒につくっていきましょう。現状、手持資金はいくらくらいですか。

絹恵 約590万円です。

森繁 手形決済日の7月20日までに入金の予定はありますか。

絹恵 いいえ、ありません。

森繁 反対に、20日までに支払いはありますか。

絹恵 それもありません。

森繁 では、従業員は何名で、毎月支払っている給料の総額はいくらですか。

絹恵 従業員は12人で、お給料は毎月280万円くらいです。

森繁 給料は何日締めの何日払いですか。

絹恵 20日締めの25日払いです。

森繁 7月20日以降の入出金の予定を具体的に教えていただけますか。

絹恵 従業員への給料支払いが必要なのと、今月末に3社から合計450万円ほどの売掛金が入る予定です。

　森繁は、その後もシンド商会の資金繰りを確認するとともに、その改善可能性、売上減少の原因を踏まえた対策や経費削減等による事業改善の可能性などを聴取した。しかし、事業改善の見込みは乏しく、先行きは極めて厳しい状況といわざるを得なかった。

森繁 やはり、いま一番問題なのは、7月20日が決済日となっている1000万円の手形ですね。

新戸 今月ジャンプしてしのげれば、来月以降何とかできないかと考えていたのですが……。

森繁 しかし、先ほどのお話では、ジャンプしても来月末にはやはり資金ショートしてしまうとのことでしたよね。事業改善の見込みが乏しい現状だと、民事再生や事業譲渡等で事業の継続を目指すのは……残念ですが、時間的にも厳しいですね。

新戸 そうですか……。

森繁 状況を考えますと、破産せざるを得ないと思います。直近で資金が最大化するのは7月末ですが、その前に手形が不渡りになってしまいますので、7月20日朝に事業停止するほかありませんね。

手順の検討
申立費用等を確保できるか

　森繁は、シンド商会の取締役が新戸、絹恵、新戸の実母の3名であり、新戸の母も破産の方針に反対していないことを確認した。また、新戸が持参した確定申告書の別表2によって、株主が新戸のみで、解任のおそれがないことも確認できた。

森繁 では、改めて破産に向けた今後の手順を決めるにあたり、裁判所に納める予納金、私どもが頂戴する弁護士費用、さらに解雇となる従業員に支払う解雇予告手当や最後の給料を支払うだけの資金があるかをうかがいます。

　先ほども確認しましたが、現状、手持ち資金は約590万円、7月20日までに入出金の予定はなく、従業員が12人、給料は20日締めの25日払いで毎月280万円とのことでしたね。

絹恵 はい。

森繁 7月20日が事業停止日（Xデー）で、給料の締め日も同じ日だと、解雇予告手当と最後の給料だけで給料2か月相当分の560万円が必要です。手持ち資金の590万円では、予納金・弁護士費用・解雇予告手当・最後の給料のすべてを支払うことができませんね。

解雇予告手当と給料
解雇予告手当からが鉄則

森繁　姉川さん、これらの支払いについて、どう思うかな。

姉川　そうですね。予納金と弁護士費用を確保するのはもちろんです。それに対して、最後のお給料はここで支払えなくても、未払賃金立替払制度を利用すれば、労働者健康安全機構に立て替えて支払ってもらえます。でも、解雇予告手当は立替払いの対象になりません。これを踏まえると、今回はＸデーに即日破産申立てをすることにして、従業員の方は当日申立前に解雇予告手当のみを支払って解雇、という「密行型」の流れはいかがでしょう。

森繁　なるほど。給料と解雇予告手当をすべて払うだけのお金がなければ解雇予告手当をまず払うのが鉄則だし、早期申立てという観点も重要だから、そういう進め方もあるね。でも、立替払制度だと支払金額は未払賃金の8割にとどまるよ。

　それに破産管財人が早く手続を進めてくれても従業員への支払いは9月か10月になるだろうね。

姉川　確かに、そうなりますね。

森繁　ある日突然仕事を失う従業員の立場からすれば、1日でも早く、少しでも多くもらえるほうがよいんじゃないかな。会社に公租公課の滞納もなく、ほかにどうしても密行型としなければいけない事情もないようだ。もし売掛金や保険といった現金化が容易な資産があるなら、それを現金化して、申立前に最後の給料も支払ってしまったほうがよいように思うな。先ほどのお話だと、7月末には3社から合計450万円ほどの売掛金が入るということだったから、解雇予告手当だけでなく、7月末には最後の給料も支払えるはずだよ。

新戸　私としても、従業員にはできるだけのことをしてあげたいです。

森繁　ちなみに、御社に退職金制度はありますか。

新戸　あります。

森繁　そうですか。さすがに退職金を支払うまでの資金はありませんから、退職金については、立替払いを利用することにしましょう。

Xデーから破産申立てまでのスケジューリング
速やかな申立てを

森繁　Xデーの7月20日には従業員に解雇予告手当を支払って解雇して、7月末に売掛金が入れば、それで最後の給料を支払って、速やかに申立て。姉川さん、どうかな。

姉川　ええ、確かにXデーから10日ほどで売掛金が入って、最後のお給料が支払えるのでしたら、私もそのほうがよいと思います。

新戸　あの……申立てはいつになりそうですか。

姉川　基本的に申立ては早いほどよいです。時間がかかるほど「事業はやめたけど破産はまだ」という中途半端な状態が続くことになってよくありません。この間にも、在庫など会社の資産の価値は劣化しますし、盗難や取り付け騒ぎなどで散逸するおそれもあります。今回は、7月末に回収する売掛金で従業員の方に最後のお給料を支払ったあと、8月10日に申立て、という予定で準備を進めたいと思います。

ここまでで予定されたスケジュール

7/20朝　事業停止、従業員に解雇予告手当支払い・解雇

7/31　　売掛金入金、最後の給料支払い

8/10　　破産手続開始申立て

受任通知
送る意味を理解しよう

姉川　Xデーには、私どもから金融機関や取引先債権者に受任通知を発送します。これにより、会社が事業を停止して破産申立ての準備に入ることや

弊所が受任したことをお知らせします。

森繁 補足すると、受任通知には、弁護士が窓口になることを伝えて混乱を防止する意味があります。それに、金融機関等には早く伝えるとともに、受取りの時間がわかるようにするため郵便だけでなくFAXでも送ります。

新戸 そうなんですね。お願いします。

姉川 新戸社長、通知の直後は、取引先も突然事業停止を知らされて混乱され、問い合わせが殺到すると予想されます。新戸社長に直接問い合わせてくる方もいるかと思いますが、取引先や債権者などの対応は私どもが引き受けます。直接の電話や訪問に対応する必要はありません。それでも、どうしても対応せざるを得ないこともあると思いますが、そのときには「弁護士に依頼した」と説明して、弊所の電話番号を伝えてください。

新戸 わかりました。ありがとうございます。

森繁 ところで若井さん、今回、公租公課の滞納はないようだけど、滞納があるときは、公租公課庁に受任通知を送ってしまったら、すぐに財産への差押えがされるから、気をつけないといけないよ。

若井 わかりました。気をつけます。

必要資料の準備
依頼者と緊密な連携を

森繁 早い申立てのためには、経理など会社のことをわかっていらっしゃる絹恵さんのご協力も重要です。申立ての準備のために、今後、新戸社長への連絡はもちろん、絹恵さんにも直接お尋ねする必要があるかと思います。連絡方法は、おふたりの携帯電話におかけする、ということでよろしいでしょうか。

絹恵 はい、それで結構です。よろしくお願いします。

森繁 これは若井弁護士が作成した必要な資料のリストです。取引先名簿や買掛先リスト、売掛先リストは、通常の営業で使っているデータで結構ですし、名前・屋号や住所がわかる程度のものでも構いません。その他の資

料も、すぐにすべてをご用意いただくことは難しいかも知れませんが、早めに、あるものはお持ちいただいて、ないものがあればお知らせください。対応を協議しましょう。

姉川 不動産登記はこちらで用意しておきます。

絹恵 はい。お願いします。他のものはリストを確認して、できるかぎり用意するようにします。

森繁 事業停止前後のお金の流れについては、あとで確認ができるように、メモを残すなり記録してくださいね。いろいろと不安なこともおありでしょうが、気になることは遠慮なく、気軽にお尋ねください。

新戸 はい、ありがとうございます。

森繁 明日も、今後の準備や注意事項をお伝えしますので、弊所にお越しいただけますか。

新戸 大丈夫です。よろしくお願いします。

🕐 7月15日（日）　9時30分

　打ち合わせは10時からだったが、新戸は前日ほとんど眠れず、森繁法律事務所に早く着いてしまった。隣で絹恵も少し疲れた様子だった。森繁らは、早速、事業停止日までの段取りなどを検討すべく、打ち合わせを開始した。

賃借物件
申立前の明渡しは必須ではない

姉川 まず、御社は○○市××町に本社事務所兼倉庫があり、○○市△町に倉庫が1つありますね。いずれも賃借物件でしょうか。

新戸 はい。ただ、本社の事務所兼倉庫は、借りているといいましても、私個人が所有しているものです。△町の倉庫は、よそさまからの借りものです。

姉川 これらの倉庫にはどんなものがありますか。

新戸　どちらも在庫商品でいっぱいになっています。

姉川　わかりました。そうすると、事業停止後申立てまでに明け渡すことは難しそうですね。申立てのために明渡しが必須というわけではないので、今回は破産管財人に処理を任せることとして、明渡未了のまま申し立てましょう。

資金確保
預金移動は必須

姉川　次に、御社の預金は、必要に応じて移動させることにします。今回、Xデーに債権者へ受任通知を発送する予定ですが、借入先の金融機関は、受任通知を受け取ると、口座をロックして出金できなくしてしまいますし、貸付債権と預金を相殺してしまいます。そうなれば、せっかく預金があっても、申立費用も解雇予告手当も確保できません。御社は、借入先の金融機関以外に、自動引き落としもされていない口座をお持ちでしょうか。

新戸　いいえ、ありません。

姉川　では、Xデーの前日（7月19日）に、預金はすべて森繁弁護士の預り金口座に移動させてください。

絹恵　はい。あとで、その口座を教えてください。

姉川　それから、7月末に入ってくる売掛金で最後のお給料を支払う予定ですから、この売掛金も確実に確保しなければなりません。小口なら集金にまわることもあり、それができれば回収も確実ですが、今回は多額なので振込みとし、保全のために振込先口座を森繁弁護士の預り金口座に変更しておきましょう。

新戸　わかりました。

姉川　また、可能なかぎり今日以降の仕入れはしないでください。Xデー直前の仕入れ（納品）は、仕入先にご迷惑をおかけすることになりますし、取込詐欺だともいわれかねません。

新戸　えっ!?　仕入れを止めようにも、すでに発注してしまっているものも

ありますし、明後日からも通常どおりに仕事をする予定なので、従業員が発注することもあると思うのですが……。

森繁 正確にいえば、従業員が知らずに仕入れた場合は、取込詐欺とはいえません。ただ、できるだけ混乱を避けるためにも、極力控えてください。受注も同様です。

新戸 はい。

姉川 Xデーに御社の財産を保全するための細かい段取りは、明日以降にまた打ち合わせをしたいと思いますので、よろしくお願いします。

新戸 わかりました。お願いします。

代表者の債務整理
経営者保証ガイドラインも検討

新戸 私自身は、これからどうなりますか。

森繁 新戸社長ご自身の債務についても、本日の打ち合わせで話をしておかなければと思っていました。昨日の打ち合わせでは、個人資産も会社に投入していらっしゃるとのことでしたね。会社の金融負債の保証もされていると思います。新戸社長個人の負債の状況をお聞かせいただけますか。

新戸は、シンド商会の金融負債のほか、リース債務も連帯保証していた。また、同社の運転資金に充てるべく、個人で全6社から総額500万円ほどを借り入れ、同社に貸し付けていた。

森繁は、当初、経営者保証ガイドライン（第4章参照）による保証債務の整理ができないかと考えたが、新戸の債務状況では仮に金融債権者やリース債権者の同意が得られたとしても、その他個人負債の整理が困難だと判断し、経営者保証ガイドラインの利用を断念した。

森繁 そういう状況ですと、大変申し上げにくいのですが、今回は、会社だけでなく、新戸社長ご自身も破産を選択するしかなさそうです。

新戸 ああ。やはりですか……。

森繁 新戸社長の破産手続ですが、個人の破産手続も会社と並行して進めて

いきます。申立時期は会社より若干遅れることになるかと思いますが、X
デーには、新戸社長の受任通知も一緒に送付して、われわれが債権者対応
をします。

若井 会社の破産との大きな違いは自由財産と免責です。いまから説明しま
すね。

　　若井は、新戸に個人の破産手続について説明を行った。

森繁 新戸社長個人の預金についても、借入先金融機関や、自動引き落とし
がかかる口座の預金は、他の新戸社長の口座に移動させてください。

依頼者への説明
注意・禁止・約束は明確に

森繁 新戸社長も絹恵さんも、だいぶお疲れのようですし、今日の打ち合わ
せはこれくらいにしましょう。

姉川 今後、手続を進めるうえでの注意点として、お願いしたい約束ごとを
紙にまとめましたので、お渡しします。要約すると、以下のとおりです。

> ① ウソや隠しごとはしないでください
>
> ② 特定の債権者にだけ支払わないでください
>
> ③ 相談なく財産を処分しないでください
>
> ④ わからないこと、気になることは遠慮なく聞いてください

森繁 なかでも特に大切なのは①と④です。心配なことや不安もあるかと思
いますが、私どもが責任をもって進めますので、安心してください。

新戸 はい。よろしくお願いします。

森繁 それから、Xデーまでは破産を考えていることは秘密です。従業員に
も決していわないでください。情報が漏れると債権者が押しかけるなど、
さまざまな混乱が起こりかねませんから。くれぐれも情報の管理には気を
つけてください。

新戸 はい。わかりました。

森繁　では、次の打ち合わせの予定を決めて今日は終わりにしましょう。

　新戸の気持ちはまだ晴れない。でも、進むべき道は決まった。森繁たち
に丁寧に話を聞いてもらって、少し心が軽くなった。森繁たちに任せれば
何とかなる、そんな気持ちで森繁法律事務所をあとにした。

ま と め

　今回、破産を選択したうえで、適切かつ迅速な破産申立てを行う際の
ひとつの姿をストーリーでみていきました。もちろん、破産でよかった
のか、他の選択肢はなかったのかという手続選択については、各論とし
て第3章で検討します。

　長年経営してきた会社の最期をどうするか、経営者の悩み、苦しみは
尋常なものではありません。相談を受ける弁護士としても、客観的な状
況確認と適切なアドバイスをしつつ、経営者に寄り添い、決断を待つこ
とになります。

一 歩 先 へ

● 未払賃金立替払制度の概要……『立替払ハンドブック』

● 受任通知の意義……『法人マニュアル』31頁、『実践フォーラム』30頁、
『破産 Q&A』40頁

● 法人破産申立ての必要書類……相談時必要資料リスト（『法人マニュア
ル』345頁）、相談時事情聴取メモ（『法人マニュアル』346頁）、申立代
理人の準備・確認事項（『法人マニュアル』348頁）

Xデー当日の動きと事前準備

　明日に迫ったシンド商会のXデーに向けて、森繁法律事務所内では担当弁護士間の打ち合わせが行われていた。

事前準備の重要性
「段取り力」が試される

森繁　若井さん、明日の段取りについて、イメージはできているかな。

若井　段取り？　普段の事件ではあまり考えたことがありませんが……。

森繁　Xデーは、ヒト・モノ・カネの動きが突然止まることになる。まごまごしていると現場が混乱するから、手際よく短時間ですべてをやり切ることが大切だ。そのために、当日の段取りをあらかじめ具体的に考えておく必要があるんだよ。

姉川　当日は、まず従業員説明会を開催して、新戸社長から従業員に挨拶と説明をしていただき、そのあと、私たち代理人弁護士から説明を行います。
　　説明会終了後は、財産保全や賃借倉庫へ行って現況を確認することを考えています。

森繁　よい流れだね。

姉川　従業員説明会については、今日の夕方、新戸社長から全従業員に、明日朝9時から営業会議を行うので集合するようアナウンスしてもらいます。

若井　「営業会議」なんてウソ、本当にいいんですか。

姉川　広い意味で営業に関する会議なんだから、別にウソでもなんでもないでしょ。事前に情報が外に漏れないようにすることが大事なの。

森繁　破産のことを知っているのは新戸社長と絹恵さんだけだ。情報はすぐ

に広まってしまう。信用に関わる情報はなおさらだ。破産申立てを検討していることが漏れてしまうと致命的な事態にもなりかねない。情報管理の徹底が重要だ。

若井 いろいろ気配りをしながら、ことを進めなければならないんですね。

開始時刻の設定
混乱を回避するためには

若井 従業員説明会を朝の9時に設定したのはどうしてですか。

姉川 9時であれば、営業担当も社内にいるから、全員が集まることができるでしょ。それに、Xデー当日は、手形が落ちないので、午前中にでも銀行から電話がかかってくるはず。始業直後に全従業員を集めて一斉に説明を行えば、混乱を最小限に抑えられるんじゃないかな。

森繁 そうだね。従業員説明会は、事案によっては夕方に行うこともあるけど、本件は朝に行うほうが混乱を回避できるね。当日は、会社近くのコンビニに8時20分に集合して、8時30分にみんなで一斉に会社に入ろう。そして、すぐに事業停止・破産申立てについて取締役会決議をし、9時から説明会を開始しよう。

若井 説明会の間に会社に電話がかかってきた場合は、どうすればよいのですか。

姉川 電話がかかってきても対応しないよう、説明会の冒頭で従業員に指示するつもり。

若井 電話をとらなければ、かえって、取引先などからおかしいと思われませんか。

森繁 逐一対応していると、あっという間に話が広まってしまう。そうなると、ジャンジャン電話がかかってくるし、本社にも債権者が押しかけてくるだろう。短時間で説明会を終えて、本社を封鎖してしまうことが大切なんだ。

債権者である金融機関への通知
相殺禁止の基準時の明確化

森繁 姉川さん、債権者である金融機関に対する受任通知は、どの時点で送付しようか。

姉川 従業員説明会の終了直後に、当事務所の事務局からFAX送付してもらう予定です。①事業を停止し破産準備に入ること、②申立予定日等の今後のスケジュール、③配当見込みを記載しました。配当見込みは現時点では不明としています。

森繁 本件では、Xデー当日の入金予定がないので、従業員説明会のあとで十分だね。

若井 Xデー当日に入金予定がある場合は、対応が変わってくるのですか。

森繁 Xデー当日や受任通知発送後に債権者である金融機関の預金口座に入金予定がある場合には、①～③に加えて、④受任通知受領後の入金は借入金と相殺できないことや、⑤設定されている自動引き落としはすべて停止してもらいたい旨も記載するんだ。受任通知が届いたあとに入金された預金は、借入金と相殺できないからね。受任通知は、相殺禁止の基準時を明確にするために重要だ。Xデー当日以後に入金予定がある場合には、支払停止について、債権者である金融機関を悪意にするため、破産申立てを決定してから間を空けることなく、最優先で受任通知をFAXするべきだ。そして、送付先金融機関に電話して、FAXが届いたことを確認するべきだね。

若井 受任通知を送付するタイミングも、入金の有無等を考慮して決める必要があるんですね。

取引債権者や取引先への連絡
きめ細かさも必要

森繁 本件では事業停止から申立てまで少し間が空いてしまうので、取引債

権者にも受任通知を送付するようにしよう。姉川さん、債権者金融機関と同様、取引債権者宛ての受任通知もFAX送付するよう、事務局に指示しておいて。

若井 新戸社長は、債権者ではないものの、特にお世話になってきた取引先や、納期が迫っていて迷惑をかけてしまう取引先にも連絡を取るべきか、悩んでおられました。

森繁 廃業を通知するお詫び文書の送付に加えて、社長からの個別連絡もあったほうがいいね。

若井 切った張ったばかりで進めるのではなく、きめ細かさも必要ですね。

売掛先への連絡
早期に入金先変更の連絡を

森繁 それから、7月末に入金予定の売掛先には従業員説明会のあとにでも電話して、私の預り金口座に売掛金を送金するように連絡しておくように。現時点では従業員には伝えられないけれど、7月末入金予定の売掛金が回収できれば、8月10日に予定している破産申立てまでに最後の給料を支払うことができるからね。

姉川 回収した売掛金で最後のお給料を支払う予定ですが、従業員説明会では、あえて慎重な発言をするということですね。

森繁 そのとおり。万が一入金がなかった場合には、従業員の期待を裏切ってしまうからね。

若井 絹恵さんによれば、今回の売掛先は、弁護士からの連絡であれば、弁護士名義の預り金口座に振り込んでもらえると思う、とのことでした。

森繁 なによりだ。電話で取り急ぎ口座変更の依頼をし、さらにFAXでも連絡しよう。

実印・現金・書類・帳簿類の保全
重要だからこそ預かる、必要な書類まで処分しない

森繁 社長には、Xデー当日に会社の実印、社判、銀行印、印鑑カードを預かることを伝えた？

若井 そんな大事な物を預かってよいのですか。

森繁 重要だからこそ、預かるんだ。ほかに預かるべきものとしては、預金通帳、キャッシュカード、クレジットカード、手形帳・小切手帳があるね。会社に保管されている現金も忘れずに預かろう。

姉川 こうしたものは破産管財人に引き渡す必要がありますし、現場の混乱に乗じて第三者等が持ち出してしまうリスクもあります。重要だからこそ適切に保管する。申立代理人の大事な役割ですね。

森繁 受領したあとは、間を空けずに預り証を発行しよう。われわれ申立代理人の身を守ることにもなるから。

姉川 過去の決算書などの帳簿や、銀行やリース会社との契約書類も保全する必要がありますね。

森繁 賃借物件の明渡しをする際は要注意だよ。

　必要な資料まで処分してしまうと、申立業務にも管財業務にも支障が生じてしまうからね。

姉川 パソコンも同じですね。経理ソフトが入ったリースのパソコンについて、データ保全もしないまま返却してしまえば復元もできません。

切る契約・残す契約
破産管財人の観点からの検討

森繁 賃借倉庫の警備契約に未払いはないかな。

姉川 6月末の支払いは済ませており、7月末までは警備が継続します。

森繁 本件は8月10日の申立てを予定しているから、7月末に警備契約が切れてしまうと危ないな。警備会社に料金の振込先を聞いておこう。

若井　7月20日に支払停止をするのに、そのあとで警備料金を支払ってもよいのですか。

森繁　本件は、売掛金や在庫処分で相応に費用が捻出できる見込みがある事案だ。1か月分の警備料金の金額もさほど大きくはない。そして何より、盗難のリスクがある。警備料金は管理のための費用として支出可能だよ。

姉川　警備を継続するには、電気と電話の契約も残しておく必要があります。

森繁　不必要な契約関係は当然早期に解約をするべきだろうが、必要な契約までも切ってしまうことがないように見極めないといけない。このあとの管財業務において、何が必要で、何が不要なのか、「破産管財人の観点」から考えることが必要なんだ。

姉川　必要な契約といえば、若井さん、シンド商会が使用しているフォークリフトについて、リースか否かを調べてもらうことになっていたよね。

若井　はい。2台ともリース物件でした。

森繁　本件では在庫量が多く、大型家具もあるから、フォークリフトは在庫商品を売却するときに必要だろう。リース物件は早期に返却するのが基本だけど、破産管財人が必要とする可能性があるリース物件は、破産管財人に対応を委ねるべきだ。今回も破産管財人に対応を委ねることにしよう。

姉川　シンド商会の自動車は何台あるかな。

若井　営業用の軽自動車が5台、トラックが2台です。自動車検査証（車検証）とリース契約書で確認したところ、軽自動車2台、トラック1台はリース物件で、残りが自社所有物件でした。

森繁　自社所有物件は後日破産管財人が売却することになるし、リース物件はしかるべき時に返却しなければいけない。いずれも保全が必要だ。

姉川　盗難防止・事故防止のためにも、鍵と自動車検査証はすべて預かることにします。

告示書の掲示
掲示に伴うリスクを考慮する

若井 敷地内への立入りや物品の持ち出しを禁ずる旨を明記した告示書を掲示する必要がありますよね。

姉川 本件では警備契約が残っているので、盗難に対する手立てはできているし、また、告示書を掲示することで、取引業者等に対して敷地内への立入りを牽制する意味もあるよね。だから、本件はやはり告示書を掲示すべき事案だと思うな。

森繁 そうだね。若井さん、告示書をあらかじめ用意しておいてくれ。

　ただね、告示書は無条件に掲示するものじゃないよ。私が駆け出しだったころ、告示書の掲示後に工場の機械類を盗まれてしまって、冷や汗をかいたことがあったんだ。告示書の掲示がかえって盗難を誘発する可能性があるから、さまざまな要素を考慮して、事案に応じて、掲示するかどうかを決めることが大切だ。

🕐 7月20日(金)　8時30分

　森繁、姉川、若井は予定時刻にシンド商会本社に入った。まず、社長室で、取締役全員から破産申立ての意思を再確認し、取締役会議事録、委任契約書、委任状に署名押印を受けた。

本社事務所における財産保全
実印、現預金、書類、帳簿類の確保

若井 新戸社長、事前にお話ししたとおり、会社の印鑑類と印鑑カード、保管現金、会社の決算書や帳簿類、契約関係がまとまったファイルをお預かりします。

　若井は、事前検討に従って、新戸社長から会社の現金や印鑑類を預かるとともに、預り証を交付した。その後、経理書類や帳簿類、契約関係の書

類を段ボールに詰め、森繁法律事務所まで運ぶこととした。

姉川 絹恵さん、先日お願いしたとおり、会社の預金は、森繁の預り金口座に送金済みですか。

絹恵 はい。インターネットバンキングを使える銀行は預金残高の全額を送金しました。インターネットバンキングを使えない銀行は、昨晩ATMから可能な限り出金しておきました。残高は数百円程度です。出金した現金は、先ほど社長がお渡しした封筒のなかに分けて入れてあります。

　姉川は、森繁法律事務所に電話し、森繁の預り金口座にシンド商会からの送金が着金していることを確認した。

🕐 **7月20日（金）　9時**

　全従業員を会議室に集め、従業員説明会を開催した。

従業員説明会・全従業員の解雇
丁寧な説明を

新戸 突然ですが、今日は、みなさんにお伝えしなければならないことがあります。ここ数年、会社の経営が大変に苦しい状況にありましたが、本日手形不渡りを出してしまうこととなりました。これ以上事業の継続はできません。断腸の思いですが、本日をもって我がシンド商会は事業を停止し、追って自己破産の申立てを行います。本当に申し訳ないが、本日全員を解雇せざるを得ません。本当に済まない。今後のことは、今日来てもらっている弁護士の先生方の説明を聞いてほしい。

　姉川は、用意していた資料と、労働局の雇用保険（失業保険）給付のパンフレットを配付し、①破産手続の概要、②破産に至った経緯、③申立ての予定時期、④雇用保険の受給方法、⑤健康保険の切替えの方法、⑥未払賃金立替払制度等について説明を行った。

　また、今後会社にかかってくる電話には対応しないように告げた。

　従業員からは、「急にそんなことをいわれても、明日からわれわれはど

うやって生活をすればいいのか」、「住宅ローンの支払いもあるんだ」、「すぐに仕事をみつけられるはずもないし」などの訴えが続く。

森繁　みなさん落ち着いてください。今後の生活について大変不安な思いでいらっしゃると思います。みなさんには、本日、解雇予告手当として平均賃金の30日分を現金でお支払いします。

姉川　みなさんには解雇通知書と解雇予告手当を説明会終了後、この場でお渡しします。それと引き換えに通知書を受領した確認書と領収書をお渡しください。

従業員A　7月25日支給予定のお給料は、それとは別にお支払いいただけますよね。

姉川　残念ではありますが、現時点では給料を支払える見込みは立っていません。お支払可能となれば、改めてご連絡しますが、現時点では未払賃金立替払制度での対応を考えています。なお、雇用保険については、早めに受け取っていただけるよう、迅速に手続を致します。

従業員B　雇用保険はどうやって受給するんですか。

姉川　追ってみなさんのご自宅に離職票を郵送します。これを持ってご自宅のある地域を管轄する公共職業安定所（ハローワーク）に行き、必要な手続をとってください。お配りした労働局のパンフレットを参照してください。

従業員C　退職金はどうなるんだ。もちろん満額出るんだろうな⁉

森繁　退職金は、未払賃金立替払制度での対応とせざるを得ません。支払額は、未払賃金総額の8割相当額が限度です。また年齢ごとに支払額の上限も定まっています。大変残念ではありますが、退職金満額の支払いができる状況にはありません。

姉川　現在の健康保険証は、解雇に伴い利用できなくなります。本日保険証をお持ちの方は、返却してください。いま、保険証をお持ちでない方やご家族分の保険証は、申立代理人事務所に郵送して返却してください。ご郵送いただく方には、郵送用の封筒をお渡しします。

従業員Ｄ　母が入院中で、保険証がなくなると困ります。どうすればいいのですか。

姉川　病院に事情を説明したうえで、速やかに健康保険の切替手続をとってください。お住まいの都道府県の国民健康保険に加入するか、現在の健康保険の任意継続をするか、あるいはご家族の扶養に入るという方法もあります。いずれにせよ速やかに手続をとっていただければ、治療の継続が可能です。

若井　会社が貸与しているパソコン、携帯電話、ETCカード、経費精算用クレジットカード、ガソリンカード、会社の鍵、機械警備用のカード、社用車の鍵など、会社が貸与しているものはすべて返却してください。

姉川　会社に私物を置いている方は本日持ち帰ってください。特に貴重品は必ず持ち帰るようにしてください。本日以降、会社は施錠され、なかに立ち入ることができなくなります。

　　若井は事前に準備したリストに従って従業員から貸与品の回収を行い、私物の整理ができた従業員から順次帰宅を促した。

賃借倉庫内の商品の状況確認
実在庫の確認と記録化

　　姉川は、従業員説明会終了後、新戸とともに賃借倉庫の現場保全に向かった。

新戸　この倉庫には、本社事務所だけでは入りきらない在庫を置いています。処分してお金になるものも、仕入れてから数年間放置されお金にならないものもあります。

姉川　昨日メールで在庫一覧表をお送りいただきました。在庫一覧表記載の商品と、倉庫内に実在する商品との間に齟齬はありませんか。

新戸　1か月ほど前に決算棚卸しをしたばかりなので、大きな食い違いはないと思います。

　　姉川は、在庫一覧表の記載と倉庫内の実在庫がおおむね一致することを

確認し、主要な在庫の写真撮影をするとともに、スマートフォンで倉庫内の動画撮影も行ったほか、告示書も掲示した。

姉川 新戸社長、この商品はいただいた在庫一覧表に記載がありません。商品の側面に「コワモテ商事・7/13納品」と記載がありますが……。

新戸 仕入先であるコワモテ商事から7月13日に入荷した在庫です。この在庫は、まだ代金を支払っていません。コワモテ商事が倒産のことを知れば、引揚げに来るかも知れません……。

債権者からの返品要求
毅然とした対応を

　姉川は、新戸と一緒に倉庫の内外を確認し、異常がないことを確認するとともに、警備機器のセットの方法を新戸から聴取し、メモをとった。姉川と新戸が帰ろうとしたその時、1台のトラックが倉庫前に停まった。車両の側面には「株式会社コワモテ商事」と書かれている。

強面太郎 社長、シンド商会が倒産したといううわさ、もう広まってますよ。さあ、当社が先週納品した商品、返してもらいますからね。

姉川 どちら様ですか。私は、シンド商会の代理人弁護士の姉川といいます。

強面 株式会社コワモテ商事代表取締役の強面太郎です。弁護士さんに用はありません。社長、早く当社が納品した商品を返してください。

姉川 返品には応じられません。

強面 なぜですか。商品は当社が納品したもの、代金は未払い、返さない理由はないでしょう。当社が納品した商品がこの倉庫にあること、区別して保管されていることは、知っているのですよ。

姉川 すでに商品の占有はシンド商会に移転しています。自力救済は許されません。持ち去ると窃盗罪が成立しますよ。お引き取りください。

強面 小難しい理屈に興味はありません。モノさえ返してくれたらよいのですよ。いますぐここで赤伝切って返品してくださいよ。返してもらうまで、ここを動くつもりはありませんからね。

姉川　お引き取りいただけないのなら、警察を呼ぶほかないですね。社長、ためらうことはありません。すぐに110番通報をしてください。

強面　ちょっと待ってください。理屈の問題なら、うちにも顧問弁護士がいますから。先取特権でしたか。弁護士から連絡してもらいます。正当な権利者として権利行使させてもらいますよ。

　　　強面はぶぜんとした表情で倉庫をあとにしていった。

新戸　驚きました。でも、当社が商品代金を支払っていないのは事実です。本当にあの対応でよいのでしょうか。

姉川　現時点では、いまの対応でよいと考えます。8月10日に破産の申立てをしたあとは、すぐに破産管財人を選任してもらうことを予定しています。正当な権利者であり、顧問弁護士もいるということであれば、破産管財人との間で協議してもらうことになるでしょう。念のため、コワモテ商事との間の契約書の内容を確認しておきましょう。

🕐 **7月20日（金）　17時**

　　　森繁法律事務所に戻った森繁・姉川・若井は、当日の各自の対応について情報共有するとともに、今後の対応が必要な事項を検討し、優先順位を確認した。打ち合わせのあと、話題は法人破産申立事件の醍醐味に及んだ。

法人破産申立事件の醍醐味
臨機応変な対応・創意工夫・スピード感

若井　短期間でさまざまな状況を考慮しながら、いろいろなことを判断しなければならないことがよくわかりました。倒産事件って、大変だなぁ。

姉川　でも、それが申立代理人の真価が問われるところだと思う。現場ではいろいろなことが起こる。それに対して、柔軟に対応する。逆に、絶対に応じられないことに対しては、ハードに交渉をする。臨機応変な対応こそが大切だと思う。

森繁　悩ましい問題にも多々直面する。しかし、立ち止まらない。走りなが

ら考える。そのスピード感が倒産事件の特徴だ。

姉川 　決まった正解があるわけではなく、答えのない問題に立ち向かってい
く。創意工夫の余地も大いにあります。

森繁 　そうだね。弁護士の意欲によって、事件の進め方はまったく違ったも
のになる。債権者や従業員、利害関係人が大変な目にあっているので、語
弊があるかもしれないが、これぞ「倒産事件の醍醐味」なんだ。

ま と め

　今回は、シーン１の続きとして、Ｘデー当日の動きと事前準備を見ました。多くの事案で見られる、いわゆるオープン型を想定しています（オープン型と密行型のイメージについては、一歩先へで紹介している『法人破産申立て実践マニュアル』や『実践フォーラム　破産実務』をご参照ください）。

　破産申立ての機関決定がされた後は、申立代理人の活動がメインとなります。決断があった場合への備えと、ゴーサインが出た後の一気呵成の活動は、さまざまな利害関係人が存在し、必ずしも想定どおりに進むとは限りませんが、申立代理人として、できる限り混乱を防止し、速やかに破産申立てができるよう段取りを組み、実行することになります。

一 歩 先 へ

- 従業員対応……『法人マニュアル』34頁、『破産 Q&A』54頁
- 事業用賃借物件の処理……『法人マニュアル』44頁、230頁、『実践フォーラム』123頁、『破産 Q&A』57頁
- 仕入先対応……『実践フォーラム』87頁、『法人マニュアル』170頁、187頁、『破産 Q&A』192頁

申立準備
～破産管財人への引き継ぎ

🕐 **7月23日（月）　10時　（Xデーから3日後）**

申立代理人による換価
必要最小限の範囲で

森繁　金曜日はご苦労だったね。さて、今後のスケジュールを再確認しておくが、今月末に大口の売掛金を回収して、そこから従業員に最後の給料を支払ったうえで、8月10日に破産申立てする予定だ。まずは首尾よく売掛金を回収することが大切だが、売掛先の反応はどうかな。

若井　1社、破産する会社に支払う必要があるのかといってきた売掛先がありましたが、説明をしてなんとか支払いを了解してもらうことができました。予定どおり今月末に大口売掛先3社から合計450万円を回収できそうです。

姉川　破産すると聞いて支払いを渋る売掛先もいるけど、もともと期限が到来すれば支払わないといけないものですからね。

若井　そういえば、さっき売掛先から、外部倉庫に保管してある在庫商品を売ってもらえないかという話がありました。在庫が減れば、破産管財人の手間も省けると思いますので、話を進めてよろしいでしょうか。

姉川　ちょっと待って。本件では売掛金が回収できれば必要な資金は確保できるはずでしょ。さらに、換価に時間をかけて申立てが遅れてしまっては本末転倒だし、債権者や裁判所から廉価売買等の疑いをもたれてしまうおそれもあるよ。

若井　そういわれると、確かに……。

森繁　基本的に、財産換価は破産管財人の仕事だからね。費用捻出など、破

産申立前に換価や処分をしておくべき必要性がない限り、申立代理人には、財産を保全しつつ、速やかに破産申立てをして、破産管財人に引き継ぐことが求められるんだ。在庫の購入希望者には、来月中旬頃には破産管財人が選任されるだろうから、破産管財人と直接話をするように、と回答してくれ。

若井　なるほど。わかりました。

賃借物件の処理
申立前の明渡しは必須ではない

森繁　次に、賃借物件の処理を確認しておこう。本件では本社事務所兼倉庫と外部倉庫を賃借中だが、いずれも在庫商品でいっぱいだから、申立前に明渡しはしない方針だったね。

姉川　はい。例えば、申立費用確保のため申立てまでに時間を要して賃料債務が増大してしまうようなケースや、明渡しをしておいて予納金を抑えることが必要になるようなケースでは、例外的に申立前の明渡しを試みることもありますが、今回はそういう必要性も見当たりません。

森繁　社長が賃貸人である本社事務所兼倉庫はよいとして、外部倉庫の敷金や賃料の支払状況はどうだったかな。

若井　敷金が半年分入っており、6月末支払分まで賃料の未払いはありません。また、契約書には、賃借人が中途解約する場合には違約金として賃料の3か月分を支払う旨の条項がありました。

姉川　破産管財人は破産法53条1項に基づく解除を選択して、違約金条項の効力を争うかもしれませんね。

森繁　いずれにしても、破産管財人が早期に在庫を処分して明け渡せば敷金が戻ってきそうだな。

　告示書を掲示してあるし、会社が事業停止した情報はすぐに賃貸人に伝わるだろう。賃貸人にはこちらから連絡し、明渡しの見込みを説明して理解を得よう。

契約関係の処理
状況に応じた取捨選択を

森繁 続いて、その他の契約関係の処理について確認しよう。まず、リース物件や約定担保物権の付された物件はその所在を確認し、契約書とともに破産管財人に引き継ぐ必要があるが、どういうものがあったかな。

姉川 軽自動車2台、トラック1台、フォークリフト2台のほか、本社事務所のパソコン3台がリース物件でした。そのほかに約定担保物権の付された物件はありませんでした。

森繁 リース業者からリース物件の返還を求められたら処理はどうなるかな。

若井 フォークリフトは、破産管財人が在庫商品の売却の際に使うかもしれないので、破産管財人に処理を委ねることになっていましたが……。

姉川 基本的には破産管財人に処理を委ねますが、例えば、破産申立てまでに時間を要するような場合には、管財業務に必要がないリース物件は申立前の返還に応じます。また、申立前に賃借物件を明け渡す場合には、こちらからリース業者に対して引揚げを要請することもあります。

若井 申立前に引き揚げてもらう場合には、パソコンやサーバーのデータを他の記録媒体に移して保全しておく必要があるんでしたね。

姉川 本件では申立前にリース物件を返還する必要はありませんので、すべて破産管財人に委ねてよいかと思います。

森繁 そうだね。その方針で行こう。ちなみに、本件と違って約定担保物権の付された物件がある場合は、担保の有効性を契約書等で確認する必要があるし、担保が第三者対抗要件を具備しているか、担保権の設定が否認の対象にならないかにも注意を払わないといけない。破産管財人の観点ももって、物件を管理して、関連資料や情報も破産管財人に引き継がないといけないよ。

姉川 それから、警備契約継続のためには、電気契約だけでなく警備契約に使用されている電話回線を生かしておく必要がありますので、電気契約と

その電話回線の契約は残しています。

森繁　保険関係について、自動車保険や建物の火災保険はどうだったかな。手元にある物件については、万が一の事故への備えが必要だね。

若井　自動車保険については、保険料を一括で支払っており、保険期間は来年1月までありますので、問題ありません。火災保険は……。

姉川　在庫商品もあるし火災保険も残しておいたほうがよいですね。若井さん、保険期間と保険料の支払状況について確認しておいてくれるかな。

若井　急ぎ確認します。

姉川　保険料不払いで失効なんてことにならないように気をつけないとね。

🕐 **7月31日(火)　13時**

森繁らは、森繁法律事務所で、新戸と、現状報告と今後の準備のための打ち合わせを行っている。

従業員対応
給料の支払いだけでなく、その他の手続も忘れずに

森繁　大口売掛先の3社から売掛金全額を回収できましたので、従業員の最後の給料分は確保できました。

新戸　よかったです。これまで頑張ってくれた従業員たちにはできるだけ迷惑をかけたくなかったので……。

森繁　支払いの準備はできているかな。

若井　はい。金額の計算だけでなく、給与明細書と源泉徴収票も準備してありますので、給料の支払いを終えたら従業員の方々に郵送します。

森繁　従業員への郵送といえば、離職票は送ってあったかな。雇用保険の受給手続に必要なものだから、早めに手元に届けてあげる必要があるが。

若井　すでに発送してありますので大丈夫です。

姉川　また、従業員の方々は、解雇されたことによって、それまでの社会保険・厚生年金から国民健康保険・国民年金に切り替える必要がありますが、

こちらも解雇の翌日から5日以内に、資格喪失届を年金事務所に提出済みです。

森繁 その点も抜かりないね。

姉川 それから、8月分からは、住民税の徴収を特別徴収から普通徴収に切り替えますから、異動届を管轄市区町村長宛てに提出しておきます。

新戸 本当は退職金も支払ってあげたかったのですが……。

若井 そうですね。ですが、速やかに労働者健康安全機構から立替払いを受けられるように、経理の絹恵さんにも協力してもらって、退職金の計算は終わっていますし、労働者健康安全機構のウェブサイトから「未払賃金立替払請求書・証明書」をダウンロードして金額の記入も済ませてあります。従業員の署名も必要なので、これも一緒に従業員に送ってしまいましょうか。

森繁 立替払いの時期を遅らせないために申立代理人が準備しておくのは大事なことだが、最終的な確認と証明は破産管財人が行うことだよ。従業員への発送は破産管財人に任せて、われわれのほうでは、破産管財人が未払賃金の調査と証明をスムーズに行えるように、計算書と計算に必要な資料を整理しておこう。

若井 わかりました。

森繁 では、最後の給料の支払いを頼むよ。

新戸 よろしくお願いします。

姉川 必要な資金は確保できたので、準備が整いさえすれば、当初予定していた8月10日よりも申立てを早めることもできるかも知れませんね。

　打ち合わせ終了後、若井は、従業員の最後の給料を支払うとともに、各従業員に、給与明細書と源泉徴収票を発送した。

代表者の破産申立て
速やかに申立てを

姉川 次に、新戸社長個人の破産申立てについて打ち合わせましょう。先日

の打ち合わせの際にお願いした資料はお持ちいただけましたか。

新戸　はい。追加でご指示いただいた資料は一式お持ちしました。

姉川　ありがとうございます。若井さん、ほかに不足資料等はなかったかな。

若井　新戸社長個人の債権者一覧表をつくるにあたって、正確な債権額や借入日がわからない先があります。事前に債権調査票を債権者に送って回答してもらうべきかと思うのですが。

姉川　そうする必要が事案もあるけれど、そのために破産申立てを遅らせるのも考えものだよ。

若井　でも、以前消費者破産申立ての事案では、裁判所から債権調査票を求められましたよ。

森繁　姉川さんのいうようにそれで申立てを遅らせるのも考えものだし、本件では新戸社長は会社の債務の保証で支払不能が明らかなのだから、申立資料として債権調査票を添付する必要はないよ。これで申立資料が揃ったようなら、会社と同時に破産申立てをしてしまいたいね。

新戸　私の破産は会社より少しあとになるとうかがっていましたが……。

森繁　確かに、個人の破産申立ては、自由財産拡張のための調査や免責の検討等で申立てに時間を要する事案も少なくありません。しかし、新戸社長についてはそうした事情もありませんし、申立準備も整っていて申立費用も確保できていますから、会社と一緒に申し立てたほうがよいと思います。

新戸　わかりました。ではそれでお願いします。

8月2日(木)　13時

　森繁らは、森繁法律事務所で、シンド商会の破産申立てに向けた内部打ち合わせを行っている。

破産申立書作成の勘どころ
迅速性・破産管財人の観点を大切に

森繁　申立書の作成状況はどうだい。

若井 財産目録は、法人税申告書添付の勘定科目内訳明細書と６月末の試算表からおおむねできています。

姉川 現預金、手形・小切手、売掛金等の流動資産は、申立時期に合わせて時点修正するのを忘れないようにね。あと、決算書から漏れている財産があるかもしれないから、明日の打ち合わせで確認しましょう。

森繁 一応、直近の現預金の動きは姉川さんのほうでチェックしておいてくれ。

姉川 もうチェックしました。偏頗弁済や隠匿等が疑われるようなお金の動きはありません。

若井 あのぅ、在庫商品目録は、会社の在庫一覧表を引用して作成すればよかったですよね。

森繁 実在庫と齟齬がないようだからそれでかまわないだろう。写真も添付するとよいよ。破産管財人に現状を理解してもらいやすいからな。

姉川 債権者一覧表の関係で、絹恵さんに、事業停止した７月20日までの取引を納品書等で確認して、債権額の計算をしてもらうようにお願いしてあります。

若井 請求書や納品書等の資料がないため事業停止日までの正確な債権額が不明の債権者が何名かいるそうで、10日までに債権者一覧表の完成が間に合わないかも知れないのですが……。

姉川 事業停止日まで債権額は変動するし、請求書は締め日が過ぎないと送付されてこないから、正確な金額がわからないところがあるのは仕方ないわよ。納品書等で債権額がわかるところ以外は、６月末現在の金額を入れておけば十分。

森繁 若井さん、この前の新戸社長個人の債権者一覧表についても同じことがいえるけれど、破産申立書の作成は、正確に越したことはないが、迅速な申立てを損なわないことも重要だ。短期間のうちに準備をしなければならない事案では、極論すれば破産手続開始原因の主張・疎明ができていて、資産負債の状況など予定される管財業務の内容がある程度わかるものが用

意できればよいのだよ。

若井 それだと、裁判所からいろいろいわれるんじゃないですか。

森繁 「申し立てたらそれで終わり」というわけではなく、開始決定後も申立代理人が破産管財人と協働して調査を行い、必要に応じて追完するという対応をすれば問題ないし、そうした説明をすれば裁判所も何もいわないよ。法人破産申立てにおいて、限られた時間内で優先順位を意識して準備するのは重要なことだよ。

姉川 あと、申立書類は「破産管財人の観点」を踏まえて作成することと、定型書式に記載する情報に限らず管財業務に重要と思われる事情は、報告書で説明をするということも大事なことですね。

森繁 破産管財人の観点というのは、客観資料を収集・分析して、開始決定後の手続進行も見越して必要な事実関係や情報を整理し記載するということだね。

若井 なるほど。わかりました。あ、そういえば、今日午前中、コワモテ商事の代理人弁護士から、内容証明郵便で返品要求があったのですが、そのことは裁判所に報告しておいたほうがよいでしょうか。

森繁 そうだね。その内容証明郵便を添付資料にして報告書にまとめておいてくれるかい。

姉川 確か契約書には所有権留保特約等はなく、動産売買先取特権が問題になるだけだったかな。

若井 はい。私のほうで従前の取引状況や商品の保管状況等も含め報告書にまとめてみますので、あとで確認をお願いします。

状況に応じたスケジュールの見直し
速やかな申立てを

森繁 コワモテ商事の件だけど、競売開始申立てまでやってきそうかい。

姉川 何ともいえません。内容証明郵便には、返品に応じてもらえない場合は法的手続をとる旨の記載はありましたが。

森繁　そうすると、早く申立てをするようにしたほうがよいな。予定どおり
　　従業員の給料を支払えたことだし、申立準備も順調に進んでいるようだか
　　ら、スケジュールを前倒しして、週明けの8月6日に申立てができないか
　　な。

姉川　若井さんと分担して準備を進めれば大丈夫だと思います。

森繁　それじゃあ、姉川さん、若井さんと協力して週明けに申立てができる
　　ように準備を進めてもらえるだろうか。新戸社長には私から伝えておくか
　　ら。

姉川・若井　わかりました。

🕐 **8月6日(月)　10時**

　　姉川と若井は、申立準備を整え、シンド商会と代表者である新戸個人の
　破産申立てを行った。

🕐 **8月8日(水)　16時**

　　裁判所から森繁法律事務所に対し、シンド商会・新戸個人の破産管財人
　候補者が安西弁護士（55期）に決まったと連絡があった。

破産管財人への引き継ぎ準備
「物の引き継ぎ」だけでなく「情報の引き継ぎ」も

若井　書記官から、破産管財人候補者が安西先生に決まったと連絡がありま
　　した。

森繁　若井さんのほうで、申立書一式の副本を安西先生に送って、引き継ぎ
　　のための打ち合わせの日程調整もしておいてくれ。それから、印鑑・預金
　　通帳・鍵・申立書に添付した疎明資料原本ほか引継資料の整理はどうなっ
　　ているかな。

若井　整理して受領書もつくってあります。

森繁　そうした「物の引き継ぎ」だけでなく、「情報の引き継ぎ」も忘れな

いようにしないとな。

姉川　6月の締め日以降事業停止日までの売掛金の請求書の作成は済んでいるよね。

若井　はい。今朝、絹恵さんが事業停止日までの請求書を事務所に届けてくれましたので、売掛金一覧表に6月の締め日までの請求分とは別に欄をつくって入力しました。

森繁　今回は8月1日以降売掛金の変動はないが、破産管財人に引き継ぐまでの間に入金があるなどして金額が変動するような事案の場合は入金状況を確認して最新の情報を破産管財人に引き継ぐ必要があるから、覚えておいてくれ。

姉川　それから、事業停止日以後の収支報告も事務局がつくっていると思うけど、若井さんのほうでチェックしたうえでみせてくれるかしら。私も確認しておきたいから。

　　　あと、申立ての際、報告書等にまとめた破産管財人に共有すべき問題点や各財産の換価見通しなどについても、引継時に補足説明ができるように聴取メモや資料を見直しておくといいよ。

🕐 **8月10日（金）　10時**

　森繁らは、8月9日、シンド商会と新戸個人の破産申立ての官報公告費を納付し、翌10日の10時に破産手続開始決定がなされた。そこで、姉川と若井は、新戸社長とともに、あらかじめ日程調整していた同日時、破産管財人の事務所に出向いた。

破産管財人への引き継ぎ
破産管財人の初動をサポート

安西　破産管財人の安西です。

姉川　申立代理人の姉川です。早速ですが、こちらがシンド商会の通帳、キャッシュカードなど重要な預かり品です。6月の締め日以降事業停止日

までの売掛金の請求書も経理担当者に作成してもらい、お持ちしました。

安西 ありがとうございます。あとで受領書に押印しますね。

新戸社長、今後は、私が会社と社長個人の破産事件の処理を行っていきます。不明点などいろいろお尋ねすると思いますが、ご協力ください。また、困ったことがあれば姉川先生や若井先生にも相談してみてください。

新戸 わかりました。

安西 申立書類一式は目を通しましたが、早急に着手しなければならないものは何かありますか。

若井 報告書にも記載しましたが、本社事務所兼倉庫内の在庫について、仕入先の代理人弁護士から内容証明郵便で返品要求を受けています。商品の特定は困難だと思いますが、動産売買先取特権を行使してくる可能性はあると考えます。

姉川 それから、賃借している外部倉庫は、7月末から賃料が未払いですが、賃貸人からの解除通知はまだ来ていません。中途解約の場合、賃料3か月分の違約金が発生するとの条項がありますが、敷金を半年分預けているので、早期に明渡しができれば敷金の一部が戻ってくるかと思います。外部倉庫の在庫については売掛先から買取希望の連絡も受けていますので、早期に処分できる可能性がありそうです。

安西 わかりました。それでは、これから本社事務所と倉庫に行ってみましょう。それから、破産管財人口座は開設次第ご連絡しますので、引継予納金はそちらに振り込んでください。

　姉川らは、30分程度、安西弁護士と打ち合わせを行ったあと、安西弁護士と一緒に本社事務所兼倉庫と外部倉庫をまわり、ひととおりの引き継ぎを行った。

破産手続開始決定後
申立代理人の役割は終わらない

安西 今日は、朝からありがとうございました。丁寧に引き継いでいただき

助かりました。今後ともよろしくお願いしますね。

姉川・若井　こちらこそよろしくお願いします。

姉川　何かあれば、いつでも連絡してください。こちらでご協力すべきことがあれば、対応させていただきますので。

　倉庫前で安西弁護士・新戸社長と別れた姉川・若井が、事務所に戻る道すがら話をしている。

姉川　若井さん、初めての法人破産申立てにしてはよく頑張ったわね。お疲れさま。

若井　ありがとうございます。なんとか無事に破産管財人への引き継ぎが終わってホッとしました。

姉川　だけど、油断禁物だからね。破産手続は始まったばかりで、今後の進行によっては、補足説明や調査が必要になることもあるし、債権者集会への出席義務や説明義務もあるから、破産管財人から問い合わせがあれば、きちんと対応していかなければいけないの。最後まできちんと手続を見守るのが、申立代理人の役割ということね。

若井　はい。気を引き締めます！

ま と め

　今回、法人の破綻後、月末に入金される売掛金を回収し、Xデーには支払えなかった最後の給料を支払ったうえで、速やかに破産申立てを行うというストーリーを見てきました。申立代理人としては、Xデーのあと、申立ての準備から、申立て、破産手続開始決定を受け、破産管財人へ引き継ぎ、説明するまでの一連の活動で、ようやく一息つきます。

　「法人の破産申立ては速やかに！　が鉄則」と呼びかけているところです。その反面、代表者個人の破産申立てには、個人破産特有の自由財産拡張や免責のことがあり、後追いになる場合がありますが、ある程度はやむを得ない面があります。

一 歩 先 へ

破産管財人の活動

【破産手続開始決定日以降の事実経過】

8月10日　破産手続開始決定、現地確認

8月20日　コワモテ商事に直近納品の在庫を返品

9月25日　賃借倉庫内の在庫商品の売却完了

10月3日　賃借倉庫明渡完了

10月19日　第1回債権者集会

10月25日　代表者所有倉庫内の在庫商品の処分完了

10月29日　未払賃金立替払完了

12月7日　財団債権按分弁済

12月21日　第2回債権者集会、破産手続廃止決定

🕐 10月19日（金）　10時

シンド商会の第1回債権者集会（財産状況報告集会）が開催された。

裁判官　債権者もお越しですし、破産管財人からご説明をお願いします。

　破産管財人の安西は、シンド商会が破産に至った経緯、財産の換価状況等に関する説明を行った。

裁判官　賃借物件だった倉庫内の在庫商品もすべて売却済みということですね。

安西　はい。内覧会を実施し、入札方式にしました。3社から入札があり、全体として200万円ほどで売却でき、倉庫の明渡しも終え、敷金も一部回収することができました。明渡完了に伴い、リース物件のフォークリフトも返却し、電話・電気・警備などの契約も解約しました。

裁判官　次回集会までの業務の予定はどうなりますか。

安西 代表者所有物件のなかに売れ残った在庫商品が一部残っていますが、その処分が終われば、換価完了です。残念ながら配当できる程度の財団形成は見込まれません。加えて、従業員の退職金の支払いについては、中小企業退職金共済（中退共）から半額は出るのですが、残り半額については破産財団から支払える見込みが立たないので、労働者健康安全機構の未払賃金立替払制度の手続中です。これらの点から続行の必要がありますが、次回までには、財団債権の按分弁済を行い、異時廃止となる見込みです。

　　破産管財人からの報告が終わり、債権者からの質疑応答に入った。

弱腰（債権者） ヨワゴシ物産の弱腰と申します。シンド商会さんに納品していた業者なのですが、同業者のなかには納品済みの商品を返品してもらえた会社もあると聞いています。私は返品をお願いしても返ってこないものと思ってあきらめていたのですが、本当に破産管財人は返品に応じたのですか。

安西 権利関係を検討のうえ、破産管財人に対抗できる担保権が確認できた商品は返品しました。なお、ヨワゴシ物産さんから納品された商品にはそのような担保権が付されておりませんでしたので、返品には応じられません。

　　第1回債権者集会終了後、債権者達を見送ったあと、集会室の外で、破産管財人の安西と申立代理人の森繁、姉川、若井が話をしている。

森繁 次回終結見込みとは、安西先生手際がいいですね。

安西 賃貸借契約の違約金や在庫商品の返品対応について申立代理人の先生方に申立準備段階で適切に対処し、管財業務に必要な情報を引き継いでいただいたため、破産管財人としても迅速かつ適正に対処することができました。

姉川 報告書によると、倉庫の賃貸借契約の敷金については、1.5か月分が控除されているほかは、回収されたのですね。

安西 はい。違約金条項が定められていることについては引き継ぎを受けていたので、開始決定後、直ちに破産法53条1項による解除の通知をしまし

た。賃貸人からは3か月分の違約金を主張されましたが、破産管財人とし
ては約定に基づく解除ではないため違約金条項の適用がないとの解釈も踏
まえて、賃貸人と協議し、結果的に敷金から1.5か月分控除することを認
める和解をしました。

森繁　動産売買先取特権の主張をしていたコワモテ商事の商品は返品したと
いうことだね。

安西　コワモテ商事については、対象商品も特定されていると思われました
し、顧問弁護士からも直ちに返還に応じなければ動産競売の申立てを行う
ことを予告する通知もありましたので、返品しました。

森繁　動産売買先取特権者には商品の返還請求権はないし、私だったら現実
に動産競売開始許可決定が送達されない限り、売ってしまって、代金全額
を破産財団に組み入れてしまうかもしれないな。

姉川　動産売買先取特権の問題は、対象商品の特定の程度や債権者が動産競
売申立てに及ぶか否かも含めてさまざまな事情から、破産管財人の対応に
違いがでてくるところで、悩ましい問題ですね。

🕙 12月21日（金）　10時

シンド商会の第2回債権者集会が開催された。第1回債権者集会以降、
破産管財人が行った業務について報告した。

安西　換価もすべて完了し、清算確定事業年度の確定申告のうえ、財団債権
の按分弁済を行い、管財業務はすべて終了しました。

ストーリーⅡ
法人破産・密行型

初回相談
～Xデー前日

　仲間忠宏弁護士（59期）が、独立前に所属していた森繁法律事務所に電話をして、森繁幸助弁護士（43期）に相談している。

ヘルプ要請
事務所の垣根を越えて

仲間　今日は、窮境状態にあるスーパーマーケットの件で電話させていただきました。株式会社スーパーヌクイという会社ですが、金融機関には数か月前から元本の返済を猶予してもらいつつ、事業譲渡の候補先を当たっていますが、譲渡先がみつからず、3月終わり頃の資金ショートが避けられない見通しです。私のみる限り、破産申立ては必至の状況です。

森繁　社長はどういうお考えだろうか。

仲間　社長の貫井さんも資金ショートが確実なら破産やむなしと理解しているのですが、事業譲渡先を紹介してもらえる話があり「最後にもう一度当たってみたい」とのことでした。見込みは薄そうですが……。

森繁　そうか。いずれにしても、それがうまく行かなかった場合に備えて、破産申立ての準備も並行して進めておいたほうがよさそうだね。

仲間　はい。ただ、破産を申し立てるには、弁護士1人、事務職員1人の当事務所では、人手が足りず、先生の事務所にもご協力いただければとお電話した次第です。お引き受けいただけますか。

森繁　もちろん。ところで、社長個人の保証債務はあるのだろうか。

仲間　ありますが、こちらは私のほうで、経営者保証ガイドラインを利用して整理する予定です。

スーパーヌクイ人物相関図

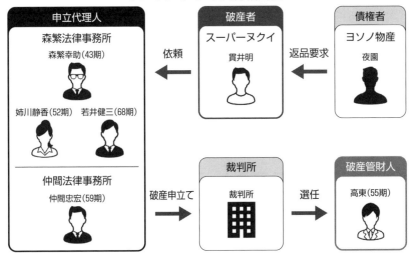

森繁 了解。会社の概要を説明してくれるかな。

株式会社スーパーヌクイの会社概要

・2店舗経営（いずれも賃借物件）

・役員構成　代表取締役：貫井、取締役：敦子（貫井の妻、先代社長の娘、経理を担当）

・株主構成　貫井80%、敦子20%

・営業時間　9時から21時（年始を除き無休）

・取扱商品　食品と日用品（酒類・タバコの取扱いあり）

・売上げ　年商10億円、1日平均300万円

・従業員数　50名弱（うち正社員は10名弱）

　現社長の貫井は、3年前に敦子と結婚して養子に入り、2年前に先代が死亡したあと、社長に就任した。しかし、4年前に大型スーパーが近所に進出した影響等もあり、会社の経営はきわめて厳しい状況にあった。

仲間 概要は以上です。すでに資金繰表や直近2期分の決算書、会社の履歴事項全部証明書はもらっていますので、メールでお送りします。

森繁　頼むよ。近いところでうちの事務所の弁護士も交えて、弁護士だけで打ち合わせがしたいな。そのあと、できるだけ早く社長との打ち合わせを入れよう。

🕙 2月28日(木)　10時

森繁法律事務所にて、森繁と仲間に加えて、姉川静香弁護士（52期）と若井健三弁護士（68期）が集まり、弁護士のみでの打ち合わせをしている。

資金繰りの確認とスケジューリング
資金ポジションを検証する

森繁　一昨日の話だと３月終わり頃の資金ショートは避けられそうにないということだったね。スーパーの場合、現金商売で、資金繰りの予測と実績のズレが生じやすいから、Ｘデー（事業停止日）までこまめに資金繰りを確認する必要があるね。

仲間　資金繰表は日々更新してもらっています。

森繁　支出で大きいのは、仕入代金と給料だね。

仲間　はい。仕入代金は、毎月25日の支払額が最も大きいです。毎月５日・15日の支払額もそれなりに大きいですが、その他は、日々の細々した現金払いだけです。

姉川　給料は15日払いのようだけど、締め日はどうなっているの。

仲間　毎月15日締めの翌月15日払いで、１か月あたり600万円くらいになります。それから、社会保険料の滞納が800万円ほどあって、現在毎月25日に80万円ずつ支払っています。

森繁　３月25日（月）は、仕入代金の支払額が大きいうえに、社会保険料の分割納付も重なるね。

仲間　はい。そのため、その日に100万円くらい資金が不足する見込みです。ただ、これ以上の繰り延べは難しく、資金ショートは避けられません。

姉川　資金繰表では、本日現在の現金が200万円ほどしかなく、これでは予

納金の確保すらできません。現金の確保を考えると、Ｘデーは、３月14日（木）か24日（日）が候補になりますが、事業譲渡の可能性をギリギリまで探りたいという貫井社長の心情を考えると、24日（日）の営業終了時点に事業を停止するのがよさそうですね。

森繁 現金確保を優先すると仕入先には迷惑をかけることになるが、本件ではやむを得ないな。

このスケジュールだと、事業譲渡は３月15日（金）頃までに目途を立ててもらう必要があるね。24日（日）をＸデーとした場合、その時点で申立費用や労働債権の支払原資は確保できそうだろうか。

仲間 現状の見通しでは、３月24日（日）の営業終了時の現金残高は2100万円です。解雇予告手当600万円強と裁判所への予納金見込額300万円と弁護士報酬はなんとか確保できますが、２月16日から３月24日までの給料を全額支払うには資金が不足します。

森繁 現金商売で今後の資金繰りが下振れするおそれもある。今後資金に余裕が出てくれば給料を全額支払うことを検討したいが、現状では３月15日締めの給料の支払いまでがせいぜいかな。

若井 財団債権となる社会保険料の滞納があるのに、先に解雇予告手当を支払ってしまうと、否認対象行為として問題になるのではないでしょうか。

森繁 解雇予告手当は、解雇の有効性があとから問題にならないように支払っておく必要性が高い。

加えて、給料と同じく従業員の生活資金となるものだが、未払賃金立替払制度の対象にはならない。だから、解雇予告手当の支払いを先にしても有害性も不当性もないから問題はないのだよ。

「密行型」の破産申立て
事案に応じた選択を

姉川 本件では、日々業者からの仕入れがあるので、事業停止の事実がオープンになると、業者が納品した商品の引揚げに来るなどして現場が混乱す

ることが予想されます。また、商品の大半が賞味期限等のある食料品なので、財産保全のために事業停止後すぐ破産管財人に引き継ぐ必要があります。事業停止後直ちに申立てをし、即日、破産手続開始決定をもらう「密行型」の申立てがよさそうです。

森繁 とすると、3月24日（日）の営業終了をもって事業停止、翌25日（月）に破産申立て、即日破産手続開始決定ということになるだろうな。

若井 シンド商会の事案（第1章参照）のように、あらかじめ受任通知を送り事業停止と申立予定の事実をオープンにしたうえで申立準備をする手順は踏まない、ということですか。

姉川 そうね。事業停止をオープンにする「オープン型」だと、破産手続開始決定の効果が及ばない間は、債権者の個別権利行使による財団毀損や資産価値の劣化などさまざまな弊害が生じやすいけれど、「密行型」だと、事業停止と破産申立て・破産手続開始決定の間にタイムラグがないので、そうした弊害を最小限に止められるからね。

森繁 姉川さんのいうとおり、本件では、現場の混乱回避や、在庫の多くが生鮮食料品で資産価値が落ちないうちに破産管財人に引き継ぐ必要などを考えると「密行型」を選択すべきだ。

密行型は裁判所への事前相談が必須
まずは一報を

森繁 「密行型」で申し立てるとすれば、裁判所に事前相談をする必要があるな。

若井 事前相談とは何ですか。

仲間 裁判所からすれば、いきなり破産申立てがあって、その日のうちに破産手続開始決定を受けたいといわれても、すぐに対応できない。そこで、破産申立前に裁判所と打ち合わせをしておくことで、破産管財人候補者の選定をしてもらい、破産申立後すぐに破産手続開始決定が出せるよう準備してもらう必要があるんだよ。

若井　なるほど。具体的にはどうするのですか。

仲間　裁判所に電話連絡を入れ、概要の書面や決算書等の資料を提出し、相談に行くことになる。

　緊急の案件では、事前相談時は概要メモだけで打ち合わせをすることもあるけれど、今回はそこまで緊急ではないので、ある程度の準備を済ませて申立書のドラフトや資料を出したほうがいい。森繁先生、貫井社長には、本日の打ち合わせ内容の共有と併せて、私から必要資料の準備を依頼しておきます。

🕙 3月4日(月)　10時

　森繁法律事務所にて、森繁らが、貫井社長と打ち合わせをしている。貫井社長に対し事業譲渡の状況を確認したが、進展はないとのことであった。

依頼者を交えた打ち合わせ
資金繰りの再確認

仲間　資金繰り状況はいかがでしょうか。

貫井　こちらが最新の資金繰表です。いまのところは、なんとか予定どおりに推移しています。

仲間　そうすると、明日3月5日（火）の仕入先への支払いと、従業員さんの給料も含めた3月15日（金）の支払いは予定どおりにできそうですね。

貫井　ただ、3月5日（火）の支払いは大丈夫だと思うのですが、来週は、連日、気温が低く雨の予報です。

　客足が遠のいて売上げが減ってしまうと、3月15日（金）の支払資金が足りなくならないかと心配で……。

森繁　資金に余裕がない状況のもとでは、毎日資金繰表を更新することを心がけ、何かあればすぐにご連絡ください。状況に応じて、今後のスケジュールの見直しなど、つど対応しますので。

貫井　わかりました。

　森繁法律事務所にて、再度、森繁らが、貫井社長と打ち合わせをしている。事業譲渡は、候補先との話が進まず、依然として難しい状況にあるとのことであった。

資金繰りの現状確認
情報交換を密に

森繁　資金繰り状況はいかがでしょうか。

貫井　やはり、悪天候が響いて売上げが予想より少し下がっています。3月15日（金）は乗り切れそうですが、3月25日（月）には資金が200万円ほどショートする見込みです。事業譲渡の話がまとまらず、破産が避けられない状況になった場合、そのあとも仕入れを続けてよいのでしょうか。

森繁　仕入れを減らすと不自然に棚が空くことになりかねませんから、仕入れは通常どおりで結構かと思います。

貫井　わかりました。

姉川　資金繰り状況からすると、解雇予告手当と3月15日締め分の給料を支払うには、3月23日（土）と翌24日（日）の売上金も必要となるので、これらは3月25日（月）朝一番に全従業員の口座に振り込むかたちにせざるを得ませんね。

森繁　そのためには、3月22日（金）には支払金額を把握しておく必要があるな。貫井社長、3月15日締め分の給料と解雇予告手当の計算は対応できそうでしょうか。

貫井　はい。会社で頼んでいる社会保険労務士の先生に計算をお願いできそうです。

森繁　それはよかったです。仲間さん、タイトなスケジュールになるから、タイムカード等の必要資料をスムーズに渡せるよう段取りを頼むよ。

仲間　承知しました。

森繁　さて、申立書の準備状況はどうかな。

姉川　直近3期分の決算書、前月末日現在の試算表、請求書等の負債に関する資料、預金や保険等財産関係の資料、従業員名簿や就業規則等従業員関係の資料、リース契約等重要な契約書類をはじめ、資料がほぼ揃いましたので、今週中に申立書のドラフトは作成できると思います。債権者一覧表は、前月締め日の金額で作成する予定です。

仲間　加えて、債権者に漏れがないよう、締め日以降の取引で新たな債権者が出てきた場合は、連絡してもらうことになっています。

若井　締め日以降の仕入れや支払いなどは一覧表の金額に反映させなくても大丈夫ですか。

姉川　時間があれば正確な金額を反映させる必要があるけれど、本件は限られた時間内で準備する必要があるよね。破産手続開始原因の主張・疎明ができるだけの資料が揃っていれば破産手続開始決定をもらうのには支障はないし。もちろん、申立後に追完や説明をする予定だよ。

3月15日（金）　15時

　森繁のもとに貫井社長から電話が入った。紹介者を通じて事業譲渡の候補先から断わりの連絡を受けたとのことであった。ほかに事業継続の途を模索しながら、破産不可避となった場合に備え、申立準備を進めることとなり、森繁は、急遽、貫井社長と仲間と打ち合わせを行うこととした。

Xデーに向けた段取りの検討
現預金の確保を確実に

森繁　現金と預金の確保も具体的に考える必要があります。営業時間後の現金の管理方法について通常のフローはどうなっていたでしょうか。

貫井　売上現金は営業終了後に現金合わせをしてから店舗事務所の金庫に入れて、翌朝、メインバンクの銀行口座に預け入れています。

仲間　そうすると相殺されるおそれがありますね。

森繁　申立費用等を確保するため、預金は当事務所で預かります。確か、会

社は24時間即時振込可能のインターネットバンキングを利用していましたね。3月22日（金）の銀行の営業時間終了後に、インターネットバンキングで預金を全額私の預り金口座に送金してください。3月23日（土）の売上現金は、営業時間後に仲間さんと若井さんに取りに行ってもらいます。3月24日（日）は、われわれが2店舗に張り付くことになりますから、そこで売上現金を預かるようにします。

仲間 森繁弁護士の預り金口座はインターネットバンキングを使うことができるので、3月25日（月）の朝7時すぎに、預かった売上現金をATMから預り金口座に入金して、そのあとすぐに振り込めば、解雇予告手当と給料の支払いは、9時すぎまでに完了することができますね。

　続いて、森繁らは、従業員の解雇手続やXデー（事業停止日）の段取りなどについて打ち合わせをした。打ち合わせ終了後、森繁は、事前相談を申し込むべく裁判所の裁判所書記官に電話をかけた。

事前相談の申込み
簡潔な説明と資料の準備を

森繁 弁護士の森繁です。御庁に、株式会社スーパーヌクイという、スーパーマーケットを経営している会社の破産申立てを予定しています。3月24日（日）の営業時間終了後に事業停止したあと、翌25日（月）の朝一番9時に申立てをして、即日で破産手続開始決定をお願いできればと考えています。そのため、御庁と事前相談を行って、進行協議をお願いしたいと思います。

　森繁は、裁判所書記官に対し、会社概要等を説明した。裁判所書記官からも、事業停止までの資金繰りの見通しなどについて質問があり、森繁は、現時点でわかる範囲で回答した。日程調整の結果、事前相談日は3月18日（月）16時となった。

　また、事前相談日の10時までに、破産申立書のドラフト、債権者一覧表、履歴事項全部証明書、直近の決算書3期分、事案の概要・想定される問題

点等のポイントを記載した概要メモを裁判所に提出することになった。

森繁らは、上記各資料を裁判所に提出したうえ、16時に裁判所へ赴いた。裁判所からは担当裁判官と裁判所書記官が出席した。

事前相談の実施
円滑な手続進行のためのスケジュールを検討

裁判官　事前に提出いただきました申立書ドラフトと概要メモを検討いたしました。3月25日（月）の朝一番に申立てをして、即、破産手続開始決定とのご希望でしたが、破産手続開始決定の具体的な時刻はいかがでしょうか。

森繁　仕入業者からは、Xデー（事業停止日）当日や前日にも納品を受けています。一夜明けて、事業停止が知れると、仕入業者が押しかけてきて「取り込み詐欺だ」などと詰め寄られ、現場が混乱することが予想されますので、できるだけ早い時間帯に破産手続開始決定をいただけると有難いです。

仲間　商品の大半が生鮮食料品を含む食料品で、保管にも相当額の電気代がかかります。その意味でも、できるだけ早く破産管財人に現場の引き継ぎができればと考えています。

森繁　従業員の解雇については、約50名もの従業員の大半がシフト制で勤務しているので、一斉に解雇通知をすることは困難です。そこで、事業停止のあとすぐに、従業員全員に連絡をとって、集まった従業員から随時従業員説明と解雇を行い、当日深夜までには解雇手続を完了する予定です。解雇予告手当と3月15日締め分の給料は、インターネットバンキングで送金手続をし、翌朝9時すぎまでには支払完了する予定です。

裁判官　承知しました。しかし、朝一番といっても、破産手続開始決定に先立ち予納金を納付していただく必要があります。事務手続に要する時間の

ことを考えて、破産申立書一式のドラフト最終版を22日（金）に提出して
いただき、25日（月）朝一番で破産申立書一式を正式に提出してください。
当日は、9時すぎに予納金を納付していただいて、9時30分に破産手続開
始決定を出す、という進行でいかがでしょうか。

森繁 ありがとうございます。承知しました。

仲間 予納金は、いくらになりますでしょうか。

裁判官 300万円でお願いしたいと思います。

仲間 今後の売上げ次第というところですが、300万円でしたら用意できる
と思います。

裁判官 破産管財人候補者については、明日には内定して、ご連絡できると
思います。

森繁 承知しました。

🕐 3月19日(火) 15時

　裁判所書記官から、森繁法律事務所に破産管財人候補者が高東弁護士
（55期）に決まったとの連絡があった。森繁は、早速、高東弁護士に電話
して、面談の予定を3月22日（金）10時に入れた。また、概要メモ、申立
書ドラフト等の最新版の資料を高東弁護士に送付し、面談には申立書ドラ
フトの最終版を持参することとした。

🕐 3月22日(金) 10時

　森繁は、貫井社長、姉川、仲間、若井とともに、高東法律事務所を訪れ
た。

破産管財人候補者面談
Ｘデーと破産手続開始決定日の段取りを念入りに確認

高東 破産管財人候補者の高東です。裁判所書記官から、密行型で破産申立
てを準備されていて、3月24日（日）に事業を停止し、翌25日（月）の9

時30分に破産手続開始決定予定と聞いています。

森繁　はい。Xデー当日は、通常どおり21時まで営業したあと、事業停止とする予定です。当日出勤している従業員は、その場で解雇通知を行う予定です。出勤していない従業員は、事業停止後、可能な限り当夜のうちに連絡をとって、集まった従業員から解雇通知を行う予定です。また、全従業員の解雇予告手当と3月15日締め分の給料は、インターネットバンキングで振り込み、破産手続開始決定前に支払う予定です。

高東　わかりました。

仲間　仕入業者については、夜中から朝方にかけて、店舗の裏側にある倉庫に商品を置いていく業者もいますし、要冷蔵・要冷凍でない商品は、倉庫の前に置いていく業者もいます。そのため、Xデー当夜から破産手続開始決定後、破産管財人に引き継ぐまでの間、われわれ申立代理人が現場に張り付いて、商品を置かれないようにします。

若井　1号店は、森繁先生と仲間先生が、2号店は、姉川先生と私が張り付く予定にしています。

高東　3月25日の朝は、仕入業者が押し寄せる可能性がありますね。破産手続開始決定後速やかに10時には、私も現場に入りたいと思います。

　当事務所の沢北弁護士（62期）を破産管財人代理として、2店舗同時に現場に入る予定です。連絡がとれるよう、携帯電話番号を交換させてもらえますか。

　また、現在の在庫状況や管理方法、最終営業日の生鮮食料品や弁当・総菜類の取扱いなどについて、確認したいのですが。

　森繁らと高東は、取扱商品の在庫状況や店舗の状況等を確認するとともに、破産手続開始決定当日の引き継ぎについて話を詰めることとした。その後、森繁らは、森繁法律事務所に戻った。

申立代理人の役割
事案に適した段取りが重要

若井 密行型の場合、スケジュールやXデー当日の対応や引き継ぎについて、細かく裁判所や破産管財人候補者と情報共有するんですね。

森繁 そうだ。密行型の場合は、破産会社の管理処分権がシームレスに破産管財人に移るから、Xデー・破産手続開始決定までのスケジューリングや当日のオペレーションを適切に組んで、裁判所や破産管財人候補者と協働して進めていくことが重要なんだ。それが結局、破産管財人の初動に大きく影響するからね。

仲間 なかには、例えば営業継続等が必要になる特殊な事案やXデーまでに時間的な余裕がほとんどない事案もあるよ。そのような事案では、裁判所や破産管財人候補者と随時情報共有しながらXデーまでの段取り・進行を主導し、破産手続開始決定後は申立書類の追完はもちろん必要に応じて破産管財人をフォローすることが申立代理人の重要な役割になる。

若井 そうなんですね。

森繁 では、Xデーから破産管財人への引き継ぎまでのオペレーションをもう一度確認しておこう。

ま と め

　破産という苦渋の選択肢も含め、事業継続を模索する代表者から相談を受ける弁護士としては、破産を選択した場合に備え、できる限り混乱を回避できるよう、Ｘデーに、事業停止、破産申立て、破産手続開始決定という一連の流れを、対外的に知らせる前に行う密行型の破産申立てが可能な事案か見極め、その準備を行います。

　第1章で取り上げたオープン型の破産申立ても、Ｘデーまでは密行することで共通していますが、Ｘデーに対外的に知らせ、オープンにした上で後日破産申立てを行う点で大きく異なります（イメージは、『法人破産申立て実践マニュアル』、『実践フォーラム 破産実務』参照）。

　密行型では、裁判所に事前相談し、最終的に破産を選択した場合に備えます。

一 歩 先 へ

● 密行型のイメージ……『法人マニュアル』22頁、136頁、『実践フォーラム』27頁

● 労働債権・従業員関係の処理……『法人マニュアル』213頁、『実践フォーラム』68頁、『破産 Q&A』54頁

● 解雇予告手当の優先性……『法人マニュアル』36頁、『実践フォーラム』70頁

● 申立代理人と破産管財人との協働・連携……『実践フォーラム』21頁、66頁、『法人マニュアル』259頁

● 裁判所への事前相談……『法人マニュアル』28頁、143頁、『実践フォーラム』41頁

Xデーと破産管財人への引き継ぎ

　森繁法律事務所にて、4名の弁護士と貫井社長夫婦とで最終の打ち合わせを行った。

資金繰りの最終確認
密行型破産申立ては資金繰りとのにらめっこ

　スーパーヌクイの資金繰りは厳しく、解雇予告手当は、破産申立前に全額支払える目途が立ったものの、3月16日以降の給料は、労働者健康安全機構の未払賃金立替払制度を利用せざるを得ない状況である。

　焦点は、2月16日から3月15日までの給料である。それらが破産申立て前に全額支払えるか否かは、3月23日（土）と3月24日（日）の売上げ次第なのだが……。

森繁　貫井社長、売上げは順調ですか。

貫井　今週末は荒天の予報で、当初の想定よりも20万円ほど少なくなりそうです……。

森繁　仲間さん、あと20万円が捻出できないか、資金繰りの検討の余地はまったくないのかな。

仲間　もともとタイトな資金繰りですからね。これ以上、削れる支出はありません。いまさら予納金を交渉するのも厳しいでしょうし……。

森繁　給料の未払いはなるべく減らしてあげたいところですが、一部について未払いが生じるのはやむを得ないかもしれません。申立直前まで、資金繰りについては密に相談しましょう。

事業停止から破産手続開始決定までの段取り
財産保全を徹底し、混乱を回避する

森繁　事業停止後の納品はすべて拒絶しなければなりません。

仲間　2店舗とも店舗入口や倉庫は駐車場の奥ですので、3月24日の営業終了後、第三者の侵入を防ぐため駐車場入口に鎖をかけましょう。

貫井　仕入業者には、倉庫内への納品をお願いしているので、車両が入れなければ、納品せずに帰ると思います。ただ、要冷蔵・要冷凍でない商品を駐車場入口付近に置いていく業者がいるかも知れません。あと、業者のなかには、倉庫の鍵を持っている者もいます。

仲間　商品を置いていこうとする業者がいた場合には、私たちで説明して、お引き取りいただくようにしましょう。倉庫の鍵は確か南京錠でしたね。別の鍵に替えておいてください。

若井　森繁先生、債権者のうちヨソノ物産との取引基本契約書によれば、同社が納品している酒類には、所有権留保が設定されており、占有改定条項も明記されています。

貫井　当社の酒類は、すべてヨソノ物産から仕入れています。他の酒屋との取引はありません。ヨソノ物産に対する買掛金はかなりの金額です。

森繁　酒類は返還請求をされる可能性が高いな。若井さん、その情報は破産管財人に引き継ごう。

仲間　貫井社長、予定どおり、今日現在の預金と今日の売上金は、今晩中にネットバンキングを利用して全額を森繁弁護士の預り金口座に振り込んでください。明日の売上金は、私と若井弁護士が各店舗でお預かりにうかがいます。

貫井　承知しました。

森繁　それから、先日の破産管財人との打ち合わせのときに話していたように、営業最終日には、生鮮食料品や弁当・総菜類の廃棄ができるだけ少なくなるように、値下げの時間を早めにして、値下げ幅を大きくするなどの

工夫をしていただけませんか。

貫井 わかりました。

　幸いにして天気予報は外れ、春らしい天候に恵まれたことから、どうにか想定どおりの売上げが確保できる見通しとなった。破産申立前に3月15日までの給料は全額を支払えることとなり、一同は胸をなでおろした。

　事前計画のとおり、森繁と仲間は1号店に入り、貫井社長に破産申立ての最終確認をした。

申立て意思の確認
経営者の最終決断

仲間 社長、最終の確認です。スーパーヌクイについて、本日事業を停止し、明日破産申立てを行うということでよろしいですか。

貫井 はい。会社存続の可能性を探ってきましたが、万策尽きました。悔しいですが、あとの処理は先生方にお任せします。関係者のみなさんになるべく迷惑がかからないようにお願いします。

　仲間は、貫井の最終意思を確認し、破産申立てに関する委任状と委任契約書、取締役同意書を受領し、破産申立てを行うことが確定した。

重要財産の確保
現金を確保せよ

仲間 社長、店舗内の現金はどこにありますか?

貫井 4台あるレジのうち、3台からは現金を引揚げ済みで金庫内に収めてあります。稼働中のレジ内の現金は、これから集計が必要です。

仲間 わかりました。最後のお客さんが帰られたら、最後のレジを締めて現

金を回収しましょう。レジ締めは、奥様にお願いしますね。

森繁 仲間さん、奥様から預かった現金のほか、店舗内の現金はすべてこの部屋に集めてください。

　21時になり、蛍の光が流れるなか、スーパーヌクイ最後の客が店舗をあとにした。仲間は店舗入口のシャッターが降りたことを確認した。

森繁 それでは残ってもらっている全従業員を事務所内の従業員控室に集めて下さい。

貫井 はい。従業員には可能な限り残ってもらっています。いつもと違う様子であることは伝わっているようで、ざわざわとしています。

🕐 3月24日（日）　21時15分

　閉店後、貫井は1号店に残っている従業員を集めた。出勤していない従業員には貫井から連絡をとり、店舗に来てもらうよう伝えた。1号店には30名の従業員が集まった。

従業員説明・解雇
丁寧な説明を

貫井 終業後に集まってもらい申し訳ない。ただいまをもって、当社は事業を停止することになった。

　何とか事業を引き継いでくれる会社がないか当たってみたが、残念ながらダメだった。申し訳ない。このあとのことは、ここにおられる仲間先生と森繁先生にお願いしている。

森繁 弁護士の森繁です。貫井社長から話があったとおり、ただいまをもって事業を停止し、明日、裁判所に破産申立てをします。大変申し訳ありませんが、本日すべての従業員を解雇いたします。解雇予告手当と、3月15日締め分の給料は、明日給与振込口座に着金する予定です。ただ残念ながら、3月16日から本日までの給料をお支払いするだけのお金がありませんので、こちらは、未払賃金立替払制度を利用いただくことになります。

情報漏洩
密行性を維持できないこともある

　従業員への説明が終わったちょうどそのころ、店の外で誰かが叫んでいるような声が聞こえてきた。仲間が外へ出てみると、店外には仕入業者が来ており、かなりの剣幕で商品の返品を求めていた。仲間が返品できない旨辛抱強く説明したところ、最後にはあきらめて店をあとにした。

仲間　仕入業者がいうには、どうも、今日の昼すぎに従業員らしき人物がSNS にスーパーヌクイが閉店する旨を書き込んでいるようです。

森繁　事前に閉店の情報が漏れているのか。ほかにも債権者が来るかも知れないな。申立書の最終確認のため、いったん事務所に戻ろうと思っていたが、今夜は私も1号店に張り付くことにしよう。2号店は混乱なく進んでいるといいんだが……。

　2号店には姉川と若井が来ていた。2号店の店長には貫井から説明をしてもらっていたので、1号店と同様、従業員を集めてもらい、閉店直後に従業員への説明をすることにした。

店長　一体何なんですか。社長から今日で店を閉めると突然いわれて、弁護士が来て説明って。

従業員　やっぱりそうなんですか！　昼休みにその噂が流れてきたんですよ。社長からは何も言われていなかったから半信半疑だったのに……。

姉川　ん？　そんな話がみなさんのところにも伝わっていたのですか？　なんでだろう……。

　そのとき姉川の携帯電話が鳴った。

姉川　あれ、仲間先生からだ。え？　SNS に閉店のことが書いてある？　仕入業者が来たんですか、わかりました。こちらもそのつもりで準備しておきます。

店長　私じゃないですよ。聞きつけた従業員の誰かが書き込んだんじゃないですか。

姉川　困ったな。若井さん、騒ぎになるかも知れないから、覚悟しておかないとね。

　　　SNSへの書き込みという予期しない事態が生じたものの、姉川は従業員に丁寧に説明をし、不満を持っていた店長を含め、全員の解雇が完了した。その後、朝までの間に事情を知らない仕入業者が次々と納品に来た。仕入業者のなかには、商品を置いて帰ろうとする者もいたが、1号店の森繁ら、2号店の姉川らはすべての納品を拒絶した。

🕐 **3月25日（月）　7時45分**

仕入先対応
財産保全を徹底せよ

　　　2号店の倉庫前にトラックを駐め、「商品を返せ！　出てこないなら入るぞ」と叫んでいる者がいたことから、姉川と若井は倉庫前に急行した。

姉川　おはようございます。スーパーヌクイの代理人弁護士の姉川と若井です。

夜園　ヨソノ物産社長の夜園です。弁護士さんですか。貫井社長も随分と段取りがいい。ヌクイさんは破産するそうじゃないですか。代金未払いの酒類は返してもらいますよ。

姉川　それはできません。

夜園　話にならん。倉庫を開けろ、入るぞ。

姉川　やめてください。勝手に倉庫に入って酒類を持ち出すのは犯罪ですよ。

夜園　破産することがわかっていて商品を仕入れていたのなら、取込詐欺じゃないか⁉

姉川　そんなことはありません。社長も最後まで悩まれて、昨晩、苦渋の決断をされたのです。

夜園　貫井社長を出せ。直接話を聞きたい。

姉川　われわれがすべて委任を受けていますので、それはできません。速や

かに破産申立てをして在庫商品はすべて破産管財人に引き継ぎますので、今回はお引き取りください。

　その後も夜園は姉川らに商品の酒類を引き渡すよう食い下がったが、姉川らが応じないためにあきらめたのか、引き上げていった。それを確認した姉川と若井は店舗事務所に戻った。

姉川　若井さん、ヨソノ物産が酒類の引揚げを強硬に迫ってきたと１号店に伝えて。１号店に向かうだろうから。

若井　それにしても、すごい剣幕でしたね……。

姉川　夜園社長も自分の会社を守らないといけないから、仕方ない面もあるよ。

若井　所有権留保には引渡請求権が認められていると思いますが、本当に商品の返還に応じなくてよかったのですか。

姉川　確かに、所有権留保には引渡請求権が認められている。これは法定担保物権の動産売買先取特権と違うところだね。ただ、実際には担保目的物の特定が難しい場合や、担保権設定契約の有効性や第三者対抗要件の具備に疑問がある場合もあるから、申立代理人としては、基本的には、返還には応じず、速やかに破産申立てをし、破産管財人に引き継ぐことを考えるべきだよ。

🕐 **3月25日（月）　9時**

　予定どおり森繁の事務局が破産手続開始申立書を裁判所に提出し、予納金を納付した。ちょうどその頃、姉川が懸念していたとおり、１号店にヨソノ物産のトラックが到着した。若井から報告を受けていた森繁と仲間は、倉庫前に急いだ。

森繁　スーパーヌクイ代理人の森繁と仲間です。

夜園　基本契約書に所有権留保と書いてあるだろう。顧問弁護士にも相談したが、うちは代金未払いの酒類の引渡しを請求する権利があるはずだ。いますぐ酒類のすべてを返してもらいたい。

仲間　御社との基本契約書に所有権留保に関する定めがあることは存じ上げています。しかし、破産手続開始決定がなされれば、すべての権限は破産管財人が引き継ぐことになりますので、酒類の引揚げは、破産管財人と話をしてください。

夜園　そんな悠長なことはいっていられない。ヌクイさんへの売掛金が飛んだら、それこそうちが破産してしまう。こちらには酒類を引き揚げる権利があるのに、妨害するのか。

森繁　御社の正当な権利行使を妨害するつもりはありません。ただ、ここには大量の酒類があり、間違って担保の付いてない商品をお渡ししてしまうわけにもいかないのです。

夜園　それはそっちの事情だろう。こちらまで破産してしまったら、どう責任を取るつもりだ。

森繁　破産手続開始決定の見込みについて、事務所に電話して状況を確認します。

　確認したところ、予定どおり9時30分に破産手続開始決定が出る見込みとのことだった。

森繁　わかった。破産手続開始決定が出たら、債権者には破産手続開始決定が出たという通知を出しておいて。……お聞きのとおりです。まもなく破産手続開始決定が出ます。破産管財人もここへ来られる予定と聞いていますから、もう少し待ってください。

🕐 **3月25日（月）　9時40分**

破産手続開始決定
破産管財人登場

　森繁と仲間が夜園と言い合っているところへ、念のため予定よりも少し早く到着した破産管財人の高東弁護士（55期）がやってきた。

高東　おはようございます。どうされましたか。

森繁　高東先生、よろしくお願いいたします。酒類の仕入業者、ヨソノ物産の夜園さんです。

高東　夜園さん、はじめまして。弁護士の高東です。スーパーヌクイは本日9時30分に破産手続開始決定が出て、私が破産管財人を務めることになりました。御社が納品された酒類について担保を設定されていたことは聞いています。

夜園　うちはちゃんと担保を付けていたんですから、当然商品を持って行かせてもらいますよ。

高東　商品の返還をご希望ですね。ただ、御社は毎日のように納品されてましたよね。バックヤードにある在庫の酒類すべて代金未払いですか？

夜園　いや、全部かどうかは……。

高東　そうですよね。ちょうどいい機会ですから、いまから一緒に在庫を確認しましょうか。昨日まで営業していたのですから、在庫は変動していますしね。仲間先生、案内していただけますか。

仲間　はい。こちらです。

高東　それと夜園さん、未払代金の内訳は私の事務所に資料を送ってください。代金未払いの在庫の価格と比較しますので。仲間先生、昨日の酒類の売上げと在庫の変動についてはデータや伝票はありますか。

仲間　昨日の営業でも在庫が変動しているので、現在の正確な数字ということになると、担当の従業員でないとわかりません。ただ、従業員には、場合によっては破産管財人から協力を求められることもある、と説明してあります。私から、破産管財人から連絡が入る旨伝えておきます。

高東　助かります。

　　夜園は、高東とバックヤードの在庫を確認したあと、代金の支払状況を確認するためにいったん帰った。

事業停止後の状況の確認
破産管財人への情報提供

高東　昨晩から今朝まで予定どおりでしたか。

仲間　従業員関係は、事前にご相談させていただいたとおりに進みました。ただ、閉店時刻より前に閉店の情報が漏れてしまい、SNSを通じてうわさが広まってしまいました。

森繁　おかげで私も一晩中ここに張り付きましたよ。ハリ弁は駆け出しの頃以来です。はははは。

仲間　仕入業者の納品はすべて断わっています。

　債権者も何社か来ましたが、事情を説明してお引き取りいただきました。2号店の方も姉川弁護士と若井弁護士で何とか対応しています。

高東　わかりました。大変でしたね。そうすると、昨日の閉店後、開始決定までの間に、納められてしまった在庫も、逆に引き揚げられてしまった在庫も、いずれもないということですね。

仲間　はい。

高東　さすがですね。では、お店の中を案内していただけますか。在庫を確認します。

　高東は、店舗入口のシャッターに「閉店のお知らせ」を、従業員入口と倉庫には破産管財人名の告示書を掲示して施錠し、森繁と仲間の案内で、売り場をざっと確認したあと、再度バックヤードに入った。

高東　生鮮食料品も若干残っているようですね。万が一のこともありますので、これらは廃棄するようにします。ほかの在庫も、時間がたてば廃棄するしかないものもありますので、早期に処分して、賃借物件の明渡しを急ぎます。売却可能な店内在庫については、所有権留保された商品を除き、すぐに数社から見積りをとり、売却先を選定したうえで、裁判所の許可を得て、一括で売却処分するつもりです。

滞納処分の回避
密行型だからこそ

仲間　さっきからずっと鳴ってるこの電話、ディスプレイの表示だと年金事務所だなぁ。

高東　本当ですね。出てしまいましょうか。もしもし。スーパーヌクイは昨日で営業を停止しました。すでに破産手続開始決定が出ています。私は破産管財人の高東といいます。ええ、破産手続開始決定が出ていますから、滞納処分は無理ですよ。追って交付要求をしてください。よろしくお願いします。

　　電話が終わったあと、高東は森繁と仲間の案内で店内をくまなく見て回り、状況を確認した。

　　2号店には、破産管財人代理の沢北弁護士（62期）が臨場し、1号店同様、現場を整序した。

🕐 6月5日(水)　11時

申立代理人の責務
密行型もオープン型もやることは同じ

若井　姉川先生、高東先生から元従業員さんの立替払いのために必要な書類一式を労働者健康安全機構に発送したと連絡がありました。

姉川　早いね。若井さんが社会保険労務士の先生と一緒に、未払賃金についての資料作りをしっかりやったからだね。密行型は、破産手続開始決定が出てからも破産管財人と「協働する」っていうことが実感できたんじゃない？

若井　高東先生の在庫処分は鮮やかでした。

姉川　密行型で一気に申し立てたからこそ、廃棄する商品も最低限にとどめることができそれなりの金額で在庫処分ができて良かった、と高東先生も

おっしゃっていたね。

若井 スピード感って本当に重要ですね。資金繰りが綱渡りだったり、夜中に債権者対応をしたり、大変でしたけど、すごく充実していました。

姉川 今回は一気に破産手続開始決定まで行ったから滞納処分も免れたけど、売掛金があるような業種は、あっという間に滞納処分で押さえられてしまうよ。

若井 そうですね。ただ、自分としては、今回も、以前やったオープン型も、結局申立代理人がやることは同じなんだなあ、とも思いました。

姉川 そのとおり。どちらも法人の破産申立てであることに変わりないから。密行型は、オープン型をギュッと濃縮したようなイメージだね。そういうことに気づけるようになるなんて、若井さんも成長したよね。

若井 ありがとうございます!

　6月11日、スーパーヌクイの第1回債権者集会が開催された。仕入業者を含む多くの債権者が出席したが、貫井の誠意ある挨拶や破産管財人の高東の的確な対応もあって紛糾することはなかった。

　一方、貫井本人については、経営者保証ガイドラインを利用した保証債務整理のため、金融機関と交渉中である。仲間の説得もあり、近日中に金融機関から理解が得られる見込みとなった。

ま と め

　破産という苦渋の決断がなされたあとは、申立代理人がいかに混乱を防止しつつ、速やかに破産申立てし、破産手続開始決定を受けるか、ということに場面が大きく変わります。

　特に密行型の場合、破産手続開始決定までのタイムラグがほとんどありませんので、速やかに破産手続開始決定の効果を及ぼすことができ、同時に選任される破産管財人も行動を開始することができます（財産の保全、個別の権利行使の抑止、債権者平等原則の徹底等）。

　法的にも望ましい姿であるとともに、突然知らされることになる債権者にとっても、結果的には受け入れやすいのではないかと思われます。

一 歩 先 へ

● 財産保全のポイント……『破産 Q&A』46頁、『実践フォーラム』61頁

● 労働債権・従業員関係の処理……『法人マニュアル』213頁、『実践フォーラム』68頁、『破産 Q&A』54頁

● 動産売買先取特権……『法人マニュアル』169頁、187頁、『実践フォーラム』87頁、『破産 Q&A』192頁

● 申立代理人と破産管財人との協働・連携……『実践フォーラム』21頁、66頁、『法人マニュアル』259頁

● 滞納処分の回避……『実践フォーラム』147頁、『法人マニュアル』188頁

破産管財人の活動

【破産手続開始決定日以降の事実経過】

3 月25日　破産手続開始決定、現地確認

3 月29日　店内在庫商品（総菜・生鮮食料品を除く）の一括売却

4 月26日　賃借物件（ 1 号店、 2 号店）の明渡完了

6 月11日　第 1 回債権者集会

7 月 5 日　破産手続廃止申立て

8 月 2 日　財団債権の按分弁済

9 月 3 日　第 2 回債権者集会（破産手続廃止に関する意見聴取および任務終
　　　　　了に伴う計算報告集会）

同日　　　破産手続廃止決定

6月11日　14時

　スーパーヌクイの第 1 回債権者集会が開催された。冒頭で、集会に集まった仕入業者を含め多くの債権者に対し、貫井社長がお詫びの挨拶をしたあと、破産管財人である高東が破産に至った経緯、破産財団の換価状況等に関する説明を行った。

高東　破産手続開始決定直後に、私が 1 号店に赴き、管財人代理である沢北弁護士が 2 号店に赴いて、申立代理人から現場で引き継ぎを受けるとともに、店舗在庫をはじめとする破産財団の占有・管理を開始いたしました。

　開始決定の時点で総菜や生鮮食料品の在庫は廃棄しました。それ以外の在庫商品については、数社から見積りを取得し、最も高い金額をした業者を売却先に選定して、裁判所の許可を得たうえ、一括で売却しました。

　いずれの店舗も賃借物件でしたから、リース物件の返還や店内の什器備

品の撤去などの明渡し作業を行い、大型連休前の4月26日に、1号店・2号店ともに、明渡しを完了しました。2店舗とも4月分の未払賃料と原状回復費用を合わせると敷金額を超えていたのですが、敷金の返還等を請求しない代わりに原状回復請求権も放棄してもらうという、いわゆるゼロ和解で合意解除しました。

　配当の見通しですが、現在までに形成された破産財団の金額は約1000万円で、他方、手続費用を除いた財団債権が破産財団の額を大幅に超えていますので、配当見込みはありません。

裁判官　今後の管財業務の予定はどうなりますか。

高東　換価業務はすでに完了していますが、労働者健康安全機構からの未払賃金の立替払いはまだ実施されていません。立替払いが実施されましたら、速やかに破産手続廃止の手続に入る予定です。本破産事件では、財団債権の総額が破産財団を超えていますので、財団債権について按分弁済したうえで、破産手続を廃止することになる見込みです。

　続いて質疑応答に移り、裁判官が債権者に対し、質問を募ったが、冒頭の貫井からの誠意ある挨拶に加え、高東の丁寧な説明等の効果もあり、特に質問がでることはなかった。

　第1回債権者集会終了後、債権者達を見送ったあと、集会室の外で破産管財人の高東と、貫井社長、申立代理人の森繁、姉川、若井が話をしている。

森繁　開始決定当日に酒類を引き揚げに来たヨソノ物産さんとは、結局どうなったのですか。

高東　酒類はすべて所有権留保付きでしたので、代金が未払いであることが特定できた分については、返還しました。代金支払済みの酒類については、スーパーヌクイは小売免許しかもっていませんでしたので、業者への卸売りはできず苦労しましたが、販売会を開催して知り合いの弁護士に買ってもらうなどして、なんとか換価しましたよ。

森繁　それはそれは……。お疲れさまでした。

高東　しかし、在庫商品についても破産管財人候補者の段階から詳細な情報をいただき、準備したおかげで早期の売却を行うことができましたし、未払給料の計算等、森繁さんの事務所にはいろいろとご協力いただき、本当に助かりました。

貫井　破産を決意したあとも、そうするしかほかに方法はなかったことを頭で理解しつつも、従業員や仕入業者からどれだけ責められるだろうかと不安で不安でたまりませんでした。

　でも、先生方が一生懸命対応してくださったおかげで、そのようなこともなく、本当に助かりました。ありがとうございます。

高東　とんでもない。さまざまな利害関係者の利害に配慮しながら、いかに混乱なくスムーズに破産手続を進めるかは、申立代理人、破産管財人双方にとって、当然のことですから。

　それに、今日の債権者集会が紛糾せずに終えられたのは、これまで貫井社長が真面目に経営されてきたからですよ。

第3章

ストーリーⅠ・Ⅱの振り返り

（法人破産申立ての諸論点）

初回相談
〜方針決定〜資金確保

当地の弁護士会倒産法委員会では、弁護士が申立代理人または破産管財人として経験した事案を振り返り、「感想戦」を行うという趣向で経験交流研修を実施している。次に予定されている「法人破産申立て」研修の担当である沢北弁護士は、自身が破産管財人代理をしていたスーパーヌクイの事案（第1章参照）と、その申立代理人が申し立てたシンド商会（第2章参照）の事案を取り上げることを決め、関係する弁護士を集めて、研修に向けた事前打ち合わせを行っている。

初回相談の意義
方針決定とスケジューリング

沢北　まず、初回相談にどう臨むべきか教えていただけますか。

森繁　経営者はこのままいけば会社がつぶれるかもしれない、家族や自分、従業員の今後の生活がどうなるのかと不安を抱えながら相談に来るから、まずはそうした心情に配慮する必要があるね。それから、初めての相談者の場合は、信頼関係を構築するための重要な機会となるから、いきなり法律的な話から入らず、会社の歴史や経営者の苦労話にじっくり耳を傾けるようにしているな。だから、初回相談は3時間とか長めに時間をとるようにしている。

高東　経営者によっては資金繰りに疲れきっていてもう破産するしかないという方もいますけど、だからといって最初から破産ありきで考えるのではなく、会社の状況を客観的に分析し、破産以外の選択肢がないのか検討するのも忘れないようにしないといけませんね。

姉川　シンド商会のように資金ショートが間近に迫っているような事案の場

合は、Xデー（事業停止日）の決定・スケジューリングも重要ですよね。時間がないなかで、混乱を避けつつ申立ての準備を進めるには、早期の段取りが肝ですから。

日程調整
相談日は速やかに入れるべし

沢北 初回相談を入れる時の留意点はありますか。

森繁 倒産絡みの相談は、相談依頼の最初の電話の際に、資金繰り状況、会社の概要や規模、資産、負債の状況等をある程度把握するようにしていて、シンド商会の事案のときもそのようにしたはずだ。確か、資金ショートが間近ということで、すぐに打ち合わせをする必要があると考え、翌日に相談日を入れた記憶だが……。

姉川 3連休の初日の10時でしたよね。「倒産弁護士だ～」って感じました。

安西 状況によっては今日明日にでも相談を入れたほうがよいですからね。私も、最初の電話のときに、事案の概要・ポイントを多少なりとも把握するようにしています。

仲間 スーパーヌクイのときは、私から事案の概要を説明させていただきましたね。

森繁 仲間先生が整理していた情報や資料を共有すればよかったので、助かったよ。

沢北 初回相談時には、どのような資料を持参してもらいますか。

森繁 シンド商会の事案のときは、翌日来てもらうことにしたので、「あまり負担をかけても」ということで、直近2期分の確定申告書の控えと決算書だけお願いしたかな。

高東 緊急性の高い事案では、会社の帳簿といった適宜のデータで構わないので、とりあえず債権者の内訳、売掛先の内訳などがわかる書類や従業員名簿、賃金台帳等の持参を依頼することもありますね。

姉川 多少時間的余裕がある場合には、直近3期分の確定申告書の控えと決

算書に加えて、最新の試算表、資金繰り表があれば持参いただけるよう、お願いしています。

資金繰りの把握
基本情報として非常に重要

沢北 初回相談はどのように進めますか。

森繁 まずは、資金繰りと損益状況の把握だろうな。事業譲渡等の可能性があるのか、破産やむなしなのか、資金繰りと損益の状況から大きな方向性を検討しながら、さらに事案の内容に応じて聴き取っていくということになる。

沢北 資金繰り状況はどのようなかたちで聴取されるのでしょうか。

森繁 資金繰り表をつくってきてくれている場合は、資金の「谷」の部分を中心に、その前後の大きな入出金を中心に話をうかがって、資金繰り表自体の精度を確認することが多いかな。破産以外の選択肢をとる場合も、破産を選択する場合も、資金繰りを見誤るとうまくいくものもいかなくなるから。

安西 資金繰り表を作成していない会社も多いですね。その場合は、当座預金の通帳等から毎月の入出金の状況を確認しつつ、当月の入出金の予定を代表者から確認します。資金繰りがタイトで急を要する場合は、その場で売掛金の入金時期と金額、買掛金・未払金の支払時期と金額、給料の支払時期と金額等を聴取して、簡易な日繰り表を作成することもあります。窮境企業の代表者は資金繰りに悩んでいるから、順番に聴いていけば直近の入出金予定はある程度把握できますね。

姉川 最初は破産以外の手続が選択できるか検討するために資金繰りを確認していくわけだけど、資金ショートが間近な場合は、資金ショートを回避する方法がないか探る一方で、破産を選択することになったらXデーはいつになるか、申立費用や労働債権の弁済費用はどこまで確保できるか、頭のなかでシミュレーションしながら、話を聴いています。

森繁　スーパーヌクイの事案のように現金商売の場合は日々の予測を立てるのは簡単じゃないから、細かく資金繰り状況を把握するようにして、方針やスケジュールの変更に柔軟に対応していく必要があるね。

仲間　製造業だと、受注残や売掛残を確認すれば、今後数か月の入金予定も把握できますね。あと、事業ごとに特有の資金需要の波があるので、これを意識すれば資金ショートの時期について当たりをつけることができます。

損益の把握
数期分を並べて推移を確認

沢北　相談企業の損益状況については、どのように把握していますか。

仲間　私は、3〜5期分の損益計算書（PL）と貸借対照表（BS）を比較して項目に大きな変動がないかを確認します。その上で、直近のPLの中身を費目ごとに個別に検討します。PLで見かけ上は大きな損失が出ていなくても、BSで売掛金、在庫、仕掛品等の流動資産が急増している場合は、PLの数字以上に損益が悪化していることが多いです。PLの数字が悪くないのに資金繰りが厳しい場合は要注意です。

資産・負債の把握
簿外の資産・負債も忘れずに確認

沢北　会社の資産の状況はどのように把握するのですか。

森繁　まずはBSや試算表の資産の部を確認するかな。確定申告書添付の内訳明細書からも資産状況が把握できるね。

沢北　具体的に申告書のどこをみるのですか。

森繁　預貯金内訳書、売掛金内訳書、棚卸資産内訳書、有価証券内訳書など各内訳書を順に眺めていけば、どこにどんな資産があるか把握できる。さらに申告書別表16の減価償却の状況をみれば、BS上の資産評価が適切かどうかもわかるね。

仲間　申告書を複数期分並べれば変化を把握できますね。窮境企業は資産が

流出していることが多いので、直近申告書と会社の現状とが相違すること
が多いです。直近試算表を確認したり、代表者から聴き取ったりして、ど
んな資産が流出しているか確認するようにしています。

安西　負債は大体決算書に記載があることが多いですね。ひととおり決算書
で概要確認したら、簿外の資産と負債をヒアリングで確認します。滞納し
ている公租公課や未払給料・退職金等がこれに当たります。窮境企業に簿
外資産があることは少ないですが、簿外負債が存在することは多いですよ
ね。

方向性の検討
破産だけが選択肢ではない

沢北　資金繰り、PL、BS の実態を把握できたらどのような検討をされます
か。

森繁　会社に収益が出ていて資金繰りに余裕がある場合は、事業の一部譲渡
を含む事業再生の方向性を検討できる。他方、収益性が乏しく一部事業に
限っての改善見込みすらなければ、清算を選択することになる。事業の全
部または一部が継続できれば、従業員の雇用が維持されることになるから、
事業譲渡の可能性は常に検討するようにしている。

安西　飲食店経営をする代表者が、資金繰りが破綻しそうと相談に来られた
のですが、よくよく話を聴くと、金融機関への元金返済を継続しており、
元金返済猶予を受けることで資金繰りを改善することができたケースがあ
りました。収益・資金繰りの状況を弁護士が自分の目で確認しないと、ま
だ事業継続可能な会社を誤って破産させることになりかねません。

沢北　現実には、われわれ弁護士のところに相談に来るケースはもう少し収
益も資金繰りもシビアなケースが多いですが。

森繁　そうだね。資金繰り状況次第では打つ手が非常に制限される。初回相
談では、残された時間と金で何ができるか、大きな方向性とスケジュール
を打ち出すことが大切だね。

破産という方針の決定
代表者に丁寧に説明して納得を得ること

沢北 初回相談後、最終的に代表者が破産申立てを決断するまでのプロセスで気をつけるべきことはありますか。

森繁 初回相談で判明した事業継続の支障となる事情について、ほかに取り得る対処法がないか、経営者とともに検討して、最終的に代表者に決断してもらうことになるね。

姉川 シンド商会の事案でもスーパーヌクイの事案でも、事業譲渡の可能性を検討しましたが、シンド商会は事業性が乏しく、1週間後の資金ショートが回避できなかったので、破産を選択しました。スーパーヌクイは、代表者が譲渡候補先に声かけをしたのですが実現せず、破産を選択せざるを得ませんでした。

安西 代表者にとって、大切な会社の破産申立てをすることは、単に理屈の問題ではなく、心情的にも受け入れ難いものです。私は、代表者が破産申立てを決断するまで、とことんつきあいますよ、という覚悟で代表者の話に耳を傾けるよう心がけています。

高東 万が一にも弁護士に破産させられたというそしりを受けないよう、破産せざるを得ない理由を丁寧に説明して、代表者に納得してもらうことが必要ですね。

Xデーの設定①
資金繰りを冷静に見つつ、代表者の思いにも配慮を

沢北 破産を選択することとなった場合に、いわゆる「Xデー」の設定はどのようにされるのですか。

森繁 シンド商会の事案では、手形不渡りが見込まれた7月20日の9時に事業停止し、スーパーヌクイの事案では資金ショート前日の3月24日の営業終了後に事業停止したね。

仲間 事業継続の可能性や混乱防止の観点等も考慮して決定することになりますが、資金ショート前で、会社の資産が最大となる日を事業停止日（Xデー）とすることが多いですね。申立費用を確保したうえで、解雇予告手当や給料等もできるだけ支払ってあげたいですからね。

森繁 シンド商会は、資金ショートが初回相談の翌週に迫っていたから、そもそもXデーの選択の余地がなかったといっていいだろう。

姉川 仮に、初回相談が1か月早くて、資金ショートが翌月に予想される状況であったならば、Xデーは違っていたかもしれないですね。また、Xデーに従業員の給料を全額支払えた可能性が高いから、密行型で申立てをしていたでしょうね。

森繁 スーパーヌクイの事案では、代表者がギリギリまで事業譲渡の可能性を検討されていたから、資金ショート直前に申立てをすることになったが、そのような事情がなかったら、Xデーの前倒しも可能だったかも知れないな。

姉川 そうですね。現金商売でタイトな資金繰り状況だったので何ともいえませんが、解雇予告手当だけでなく給料を全額支払ったうえでの申立てが可能だったかもしれませんね。

若井 でも、事業譲渡がうまくまとまれば、従業員の雇用が確保できた可能性もありますし。

高東 いろいろな考慮要素があって「これが正解」といえない事案が多いですからね。スーパーヌクイの事案は現実に事業譲渡の可能性があった以上、やむを得ない判断だったのではないでしょうか。

森繁 Xデーの設定に際しては、資金繰りの面を客観的かつ冷静に見極めつつ、事業の継続・再生にかける代表者の思いに配慮することも必要だよ。最終的に破産申立てを決断するのは代表者だからな。

安西 私が過去に担当したケーキ屋さんの事案では、長年取引のあった取引先や顧客に対して誠意を尽くしたいという代表者の強い思いがあって、間近に迫ったクリスマスに在庫の材料を使ってクリスマスケーキをつくって、

出荷したあとにＸデーを設定したことがありましたよ。

Ｘデーの設定②
代表者の理解・納得を得るために

高東　近い将来資金ショートが確実で、それまでに会社資産がどんどん減少していくことが目にみえている場合でも、破産申立てすることについて代表者の理解・納得が得られないため、代表者の決断を得られずに、Ｘデーがズルズルと延びてしまうことも少なくないですよ。最低限必要な申立費用を確保できるリミットを示したうえで、それまでの各時点での労働債権の弁済見通しを示して、代表者の決断を待つこともありますね。

安西　代表者の理解・納得を得て、決断してもらうためには、代表者個人の債務整理の方針を示すことも重要ですね。会社が倒産目前の状況にあれば、自身や家族の将来の生活に不安を抱えていることが当然ですからね。

若井　シンド商会の新戸社長は保証債務以外の個人負債が多かったため、経営者保証ガイドラインの利用を断念して破産申立てしましたが、スーパーヌクイの貫井社長は仲間先生が金融機関と交渉中でしたね。

仲間　貫井社長については、経営者保証ガイドラインを利用して、本来的自由財産を超える現預金を手元に残せそうです。経営者保証ガイドラインを利用して破産を回避できれば、経済面はもとより、心情面でも経営者の再スタートを後押しできます。

オープン型・密行型の選択
事案に応じた適切な判断を

沢北　オープン型・密行型の選択はどのようになされていますか。

森繁　まずは、混乱防止等のために密行型を選択せざるを得ないケースがある。そうでなくても、Ｘデーに申立費用と労働債権の支払原資が確保できていれば、密行型での申立てをためらう理由はないと思うな。

高東　私も同感です。最近、申立てをしたアパレル会社の破産事件では、密

行型とすべき必要性は高くありませんでしたが、申立費用も確保されており、労働債権の支払いにも問題がありませんでしたので、密行型で申立てをしましたね。

仲間　密行型は、申立後のフォローは当然必要ですが、オープン型に比べれば手離れが早いのも申立代理人にとってメリットといえますね。

高東　準備期間が短く、その期間の負荷は高まるけれど、密行型といってもオープン型とやるべきことはほとんど変わらないから、躊躇する必要もないですね。

姉川　法人破産申立てにあたっては申立準備の時間をいかに確保するか、限られた時間のなかでどう準備を進めていくかも重要ですよね。自分だけでは対応困難な場合には、複数名で共同受任するのもひとつの方法でしょうし。

仲間　スーパーヌクイの事案では、事務所を越えた共同作業により、スムーズに破産申立てができました。

沢北　シンド商会の事案は、事業停止後、売掛金を回収し未払給料を支払ってから破産申立てをされたオープン型ですが、スーパーヌクイの事案では、Xデーに解雇予告手当のほか未払給料は一部のみ支払って密行型で破産申立てをされていますね。どういった事情からオープン型と密行型を選択されたのですか。

森繁　スーパーヌクイの事案は、事業停止の事実がオープンになると、業者が納品した商品の引き揚げに来るなどして現場が混乱することが予想されたので、その防止や劣化の早い生鮮食料品の財産保全のために密行型の申立てを選択したんだ。従業員には解雇予告手当と未払給料の一部しか支払えなかったが、密行型の必要性が高かったことからするとやむを得なかった。

姉川　シンド商会の事案では、最後の給料について未払賃金立替払制度を利用することを前提に、Xデーには従業員に解雇予告手当のみを支払い、解雇して密行型で申し立てることも検討しましたが、結局、申立前に従業員

に最後の給料全額を支払うためにオープン型としましたね。

森繁　この事案では、Xデーから短期間に未払給料の支払原資が確保できる見込みがあったことや、税金の滞納もなく、スーパーヌクイの事案のように密行型とすべき必要性も高くなかったことがオープン型とした事情といえるな。

姉川　この事案でも、仮に、社会保険や税金の滞納があったとしたら、滞納処分が予想されますから、密行型で申立てをしたかもしれませんね。

予納金の確保
予納金の確保も工夫が可能

沢北　申立費用がXデーに確保できなければオープン型とせざるを得ませんが、申立費用確保について可能な工夫はありますか。

森繁　申立費用のうち予納金の金額については裁判所と減額について交渉する余地があるな。

安西　そうですね。近日中に受取手形を現金化できるなど、破産管財人による換価によって確実な財団増殖が見込まれる事案であれば裁判所も柔軟に対応してくれますよね。

姉川　事業用賃借物件の明渡しを済ませておくと予納金が減額されることもあります。予納金の基準は裁判所によって異なりますので、管轄の裁判所の運用を確認しておく必要がありますね。

労働債権支払いの留意点
労働債権に可能な限り配慮を

沢北　スーパーヌクイの事案で、業績が下振れして、Xデーに申立費用は確保できるものの解雇予告手当の支払原資までは確保できない場合には、オープン型、密行型のどちらを選択しましたか。

姉川　この事案は、混乱防止と財産保全の観点から密行型とする必要性が高かったので、解雇予告手当の支払いも断念し、密行型を選択していたと思

います。

高東　弁護士によっては、債権者に受任通知を送付し自身が矢面に立って、商品換価を済ませて資金を確保し、解雇予告手当等を支払ったうえで、申立てをする方もいらっしゃるかもしれませんね。

森繁　解雇予告手当の全額の支払いが難しい場合でも、その一部のみを支払うこともあるな。

仲間　解雇予告手当については、即時解雇される従業員の生活の資となるべきものだし、立替払いの対象とならないので、申立前になるべく支払ってあげたいですよね。

沢北　解雇予告手当と未払給料の一部を支払う場合に注意すべきことはありますか。

仲間　財団債権となるべきものとならないものが混在している場合には、財団債権とならない古いものから支払ってあげることですね。また、立替払いの対象となるものとならないものが混在している場合には、対象とならない古いものから支払ってあげるべきですね。

ま と め

　弁護士に相談すると破産させられる、というのはまったくの誤解です。全部または一部でも事業再生の道はないか検討しているわけですが、時すでに遅し、破産しか選択肢がないという事案が多いのも現実です。

　今回は、再建に一縷の望みをかけつつも、清算やむなしとなる場合に、どう手続選択し、そのなかでも破産やむなしとなる場面の話題を取り上げています。事案ごとにさまざまな事情が絡み合い、何が正解かは定かではないなか、できる限りの配慮をして破産申立てに至っていることに思いを馳せていただけたらと思います。

一 歩 先 へ

- 会計帳簿の見方……『会計の基本』岩谷誠治（日本実業出版社、2010年）
- Ｘデー～破産手続開始申立てのスケジューリング……『法人マニュアル』123頁
- オープン型・密行型の選択……『法人マニュアル』22頁、115頁、『実践フォーラム』27頁
- 予納金の確保……『実践フォーラム』54頁

財産保全
～債権者対応～情報管理

財産保全
財産を確認し散逸を防止する

沢北 スーパーヌクイの事案では現金や倉庫内財産の保全に注力していましたが、現預金はどのように保全しますか。

姉川 現預金は申立代理人が預かります。借入先の金融機関の預金が相殺されて手続費用が賄えないということはあってはなりません。タイミングや方法はシンド商会、スーパーヌクイいずれの事案でも、事業停止前に預かれるように工夫しました。

沢北 在庫商品などの動産類はどのように保全しますか。

仲間 動産類がどこにあり、どのように保管されているかをきちんと確認しておくことが大切です。

高東 破産者の所有物と他人所有のものをわかりやすく現地で分けておくと、破産管財人としては助かりますね。

沢北 不動産やそのなかにある物の管理上の工夫や留意点は何でしょうか。

仲間 施錠のうえ、鍵を管理しておくことが最も重要です。従業員や取引先が鍵を持っている場合は、きちんと回収しておきます。高価品があるなど盗難リスクが高い場合は、施錠のほかに警備契約も検討します。

姉川 シンド商会の事案では告示書を掲示しましたが、掲示しない場合もありますね。かえって盗難を誘発するリスクもありますし。

高東 店舗がショッピングセンター内にある場合など、ショッピングセンター全体の営業に配慮して、盗難の現実的可能性を考えながらあえて貼らないという選択もあります。

仲間　過去に工務店の破産申立てをした際、仕掛り現場からの資材等の持ち出しを防ぐために告示書を貼ったのですが、施主をとても不安にさせた経験があります。告示書の掲示は必要だったと思いますが、告示書をみた人がどう思うかにまで思いが至っていませんでした。

姉川　告示書は、利害関係人に配慮をしつつ、盗難の現実的可能性も考えながら財産保全のために必要かを考えて掲示の要否を検討しなければいけませんね。

必要資料の確保
必要な資料を破棄してしまわないように

沢北　破産財団を形成する財産の保全だけでなく、管財業務に必要な資料やデータを保全しておくことも大事ですね。

森繁　そのとおり。経理関係資料や人事労務関係資料は特に確保しておく。経理関係資料は破産財団を構成する財産の確認、売掛金の根拠、資金流出の調査などに必要だ。人事労務関係資料は労働債権の確認や未払賃金立替払の手続などのために必要だ。

安西　請求書や注文書の綴りを捨ててしまうと、債務者の取引内容の把握が困難になります。結果、破産財団の増殖が妨げられたり、適正な確定申告ができなかったりということもありますね。

姉川　会計ソフトが入っているパソコンが確保できていると管財業務も円滑に進められます。パソコンの確保が難しい場合には、必要に応じてプリントアウトすることもあります。

高東　事務所が賃借物件で破産申立前に明渡しをする場合、のちに必要となる書類を廃棄してしまわないよう注意が必要です。

破産申立前の財産換価
費用捻出のための必要最小限にとどめる

沢北　シンド商会の事案では、申立代理人の受任後、破産申立前の段階で大

口の売掛金を回収されていましたね。

姉川　従業員に対する最後の給料を支払うためでした。幸い、申立費用は確保できていたので、それ以上の換価はしませんでした。

森繁　財産換価は破産管財人の役割であり、申立代理人は、やむを得ない場合に限って、必要最小限の範囲でのみ行うべきだろう。申立費用や労働債権を支払えるのであれば、申立代理人が財産換価を行う必要はなく、むしろ、早期に破産申立てを行うべきだ。

沢北　「やむを得ない」というのは、具体的にはどのような場合ですか。

安西　財産換価をしないと申立費用を捻出できない場合が考えられます。破産申立てには、適正な申立代理人報酬と裁判所への予納金が必要です。これらが手元資金等で用意できない場合に、財産換価を検討します。

高東　労働債権の弁済費用を捻出する必要がある場合も考えられますね。労働者健康安全機構による未払賃金立替払制度でも、未払賃金の全額が支払われるわけではないですし、支払時期はある程度先になります。また、解雇予告手当は立替払いの対象外です。労働者の生活を守るためにも、労働債権を早期に弁済できる見込みがあるのであれば、そのための財産換価は必要であり、かつ合理的です。

仲間　早期に換価をしないと価値が劣化する場合もありますね。生鮮食料品や季節商品などは、適時に換価しないと、無価値どころか廃棄費用が発生することにもなりかねません。

沢北　申立代理人が財産換価を行う場合に注意すべきことはありますか。

森繁　申立代理人による財産換価に必要性や合理性があったとしても、換価に時間をかけすぎないようにしなければならないね。

姉川　シンド商会の事案では、事業停止から10日後に入金される売掛金を回収しました。もし、入金時期がもっと先だったら、労働債権の弁済は立替払制度に委ねて、破産申立てを優先させていたかも知れません。

仲間　スーパーヌクイの事案では、混乱回避と生鮮食料品の早期処理の必要性が高かったことから、労働債権弁済のための財産換価は行わず、事業停

止後直ちに破産申立てを行い、即日破産手続開始決定を受けることにしました。

森繁 何が当該事案で最もベターな処理か、申立代理人の見極めが重要だ。

安西 それに、解雇日から破産申立てまで6か月を経過してしまうと、未払賃金が立替払いの対象外になってしまうおそれがありますし、破産手続で財団債権になる未払賃金は、破産手続開始前3か月間のものに限られます。その点からも、換価に時間をかけすぎてはいけないですね。

沢北 そのほかに破産申立前の財産換価で注意すべきことはありますか。

安西 破産管財人は公平・中立な第三者であり、大きな財産の換価には裁判所の許可も必要です。他方、申立代理人は、破産者の代理人であり、裁判所の後ろ盾もありません。廉価売却というそしりを受けないよう、対価の相当性を確保し、その旨説明ができるようにしておきます。

高東 売掛金は金額も明確であり、回収も比較的容易です。他方、自動車や動産類はさまざまな価格形成要因が関連しますし、換価に時間を要することもあります。まずは売掛金等の債権の回収、続いて自動車や動産類の換価を検討していくというイメージです。

破産申立前の賃借物件の明渡し
ケースに応じた処理方針を

沢北 スーパーヌクイもシンド商会も賃借物件がありましたね。

姉川 スーパーヌクイの事案は、破産申立直前まで事業を続け、破産申立てと同日に破産手続開始決定を受けましたので、賃借物件の処理は破産管財人に委ねました。シンド商会の事案は、明渡未了を前提にした予納金を早期に捻出できる目途があったほか、建物内に在庫商品が多数入っていたこともあり、破産申立前段階での賃借物件の明渡しはしませんでした。

沢北 賃借物件がある法人の場合、破産申立前に明渡しを済ませておくべきでしょうか。

森繁 予納金等の費用が確保できているのなら、賃借物件の明渡しよりも早

期申立てを目指し、破産手続開始決定の効果を早期に及ぼすことを重視すべきだ。予納金があるのに、破産手続開始決定が遅れてしまうのはよくない。

仲間 破産手続開始決定の効果を早期に及ぼすという考え方を推し進めれば、破産申立てと同日に破産手続開始決定を受ける、いわゆる密行型が望ましいということにもなりますよね。

森繁 そのとおり。必要費用が確保できているのであれば、ぜひ密行型を検討してほしい。

沢北 では、申立代理人が賃借物件の明渡しを検討するのは、どのような事案ですか。

安西 申し立てる裁判所の運用によりますが、資金が乏しい案件では、明渡しを先行させると予納金を低廉に抑えることができることもあるので、明渡しを優先させるのも選択肢のひとつでしょう。ただ、その場合は、破産管財人に明渡しを先行させた事情や処理内容を説明できるようにしておきたいところです。

仲間 かつて担当した事案では、残置物を搬出する費用がなかったので、賃貸人には現状有姿での明渡しを認めてもらえるよう交渉しました。

高東 賃貸人にとっても早期に明渡しを受けて、新たな賃借人を探したほうがよいはずです。そのあたりを丁寧に説明して、賃貸人の立場で考え、理解を得るようにしています。

沢北 賃貸借契約では違約金条項があることも多いですよね。

姉川 申立人が賃貸借契約を解約する場合には違約金条項の適用を受けますが、破産管財人が破産法53条1項に基づいて解除権を行使する場合には違約金条項が適用されないと解することもできます。そこで、破産管財人に委ねるという選択は十分にあり得るところです。

高東 いずれにしろ、物件の利用状況や契約関係の確認をしたうえで、早期に方針を決めて、見通しをもって行動することが必要ですね。

リース物件の処理
要・不要の判断を早期に

沢北　リース物件がある場合、どのように対応するのですか。

安西　事業停止直後に破産手続開始決定を受けられない事案では、申立代理人がリース会社との窓口になる必要があります。のちの管財業務に必要かどうかを判断し、管財業務に必要ないと思われるリース物件については、返還に応じています。

姉川　反対に、そのリース物件がなければ管財業務が滞ることが見込まれる場合には、返還を留保するなど、リース会社との調整を図ります。

若井　シンド商会の件では、リース物件としてフォークリフトなどがありましたが、破産申立前の返還は留保し、破産管財人に処理を委ねることにしました。

安西　破産管財人の立場からは、フォークリフトがなければ動産類を搬出できませんでしたから、速やかに作業できて助かりました。

沢北　リース会社から「所有権を放棄するので、物件は破産者側で処理してほしい」といわれ、対応に苦慮することがあります。

安西　確かにリース物件に価値がないような場合、そのようなこともありますね。ただ、リース会社が所有権を放棄しても債務者が所有者になるわけではないので、それは応じられない旨を伝えるのですが……。

仲間　そうはいっても、実際にはリース会社が引き揚げてくれないことも多いところで、申立代理人か破産管財人で処分しなければならないこともあります。処分費用が相当にかかる事案では、なかなか難しい問題です。

債権者対応
秩序立てて物事を進められる方法を熟考

沢北　債権者が店舗に押しかけてきた際、申立代理人としてどのように対応しましたか。

仲間 スーパーヌクイの事案では、事業停止日の夜から破産手続開始決定を受けた翌朝までの間に「商品を返せ」と一部の債権者が押しかけてきました。その債権者が別店舗にも押しかけそうな勢いだったので、別店舗で待機していた姉川先生らにすぐに連絡を入れました。

姉川 シンド商会の事案でも、債権者が押しかけてくる可能性は事前に予見できていたので、若井先生と連携して乗り切りました。

森繁 複数名の弁護士が関与する場合は、連携なしにバラバラに動いていては統制がとれない。チーム内での情報や問題点の共有が必要だ。

沢北 申立代理人として、破産管財人の債権者対応に何か協力できることはありますか。

森繁 破産手続開始決定がなされれば、破産管財人が債権者対応を行うことになる。とはいえ、破産管財人が初動で行うことは多岐にわたることもあり、限界もある。破産管財人と申立代理人との協働は考慮すべきだろう。

若井 スーパーヌクイの事案では、従業員に対する債権届出書の書き方や立替払制度の利用に関する案内などは、申立代理人のほうで対応を引き取りました。

沢北 スーパーヌクイの事案では代表者と代理人が金融機関を直接訪問されたのですよね。

仲間 代表者の保証債務について経営者保証ガイドラインの利用を検討していたことが大きな理由です。経営者保証ガイドラインを利用する場合、金融機関の理解を得なければなりません。金融機関側の反応を直接みることもできますしね。

沢北 金融機関との関係では、そのほかに気をつけることはありますか。

姉川 受任通知は、相殺の場面や否認対象行為の検討の場面等で大きな意味をもってきます。特に、借入先の金融機関に開設した預金口座に出入金が見込まれる場合は、受任通知をFAXで送付し、そのFAXが到着していることを電話で確認するほか、念のためFAXの送信記録もとっておきます。

高東　自動引き落としについても、停止してもらうよう申し入れることもあります。

沢北　公租公課庁との関係ではどうですか。

高東　公租公課の滞納がある場合は、滞納処分をされてしまうおそれがあるので、受任通知は送付しません。

森繁　かつて、滞納がある公租公課庁に受任通知を送付した結果、預貯金の大部分について滞納処分を受けた事件の破産管財人をしたことがあった。受任通知の送付の要否については、よくよく吟味すべきだね。

従業員対応
可能な限り労働債権を支払い、丁寧な説明を

沢北　従業員対応のポイントは何でしょうか。

森繁　ポイントは２つ。ひとつは労働債権を可能な限り支払うということ。もうひとつは従業員に適切な情報提供をしたうえで、解雇に伴う諸手続を適正かつ迅速に行うということだ。

沢北　労働債権全額を支払えればベストでしょうが、資金の関係から全額が支払えないこともありますよね。

仲間　その場合に労働債権のうち何から支払っていくか、労働債権を支払うためにどこまで財産換価を行うかは悩ましい問題です。

姉川　シンド商会のときもそうでしたが、まずは解雇予告手当、次に給料、最後に退職金という順番で検討するのが妥当でしょうね。

沢北　従業員が会社経費を立て替えて精算が未了ということがありますよね。

高東　「賃金」ではありませんが、雇用関係に基づいて生じた債権ですから（民法306条２号、308条）優先的破産債権になります。支払える金額であれば、従業員保護のために破産申立前に支払っておいたほうがよいでしょうね。

沢北　もうひとつのポイントである従業員への情報提供と諸手続の迅速かつ適正な実施について、留意すべき点は何でしょうか。

仲間　従業員は突然解雇を告げられて困惑していますし、解雇後の諸手続も複雑です。スーパーヌクイの事案では、雇用保険（失業保険）の受給方法、健康保険の切替えの方法、未払賃金立替払制度などについて、従業員を集めて説明をしたほか、これらを記載した文書も配付しました。

姉川　ただし、説明文書に誤りがあるとあとでトラブルになるので、記載ミスのないように十分注意して正確に作成する必要がありますね。

高東　解雇の際は、健康保険証や貸与品を従業員から回収するとともに、解雇通知書や源泉徴収票、離職票を交付します。

安西　そのほかに、①従業員が居住する市役所（区役所、町村役場）に住民税の給与所得者異動届出書を、②年金事務所に社会保険や厚生年金の被保険者資格喪失届と適用事業所全喪届を、③公共職業安定所（ハローワーク）に雇用保険被保険者離職証明書と雇用保険被保険者資格喪失届を、それぞれ提出しないといけません。

姉川　オープン型の事案であれば申立代理人が対応し、密行型の事案であれば破産管財人が対応することになりますね。手続も多岐にわたりますので、事前に段取りをしておき、漏れなく迅速に行う必要があります。

沢北　解雇時に未払賃金があれば立替払制度を利用することになりますが、留意する点は何でしょうか。

森繁　なんといっても、就業規則、賃金規程、退職金規程、賃金台帳、出勤簿、タイムカードなどの資料を確保しておくことだ。資料が紛失してしまうと、破産管財人の証明ができなくなる可能性がある。

高東　申立代理人が、従業員に代わって表計算ソフトでつくられた「未払賃金の立替払請求書・証明書」シートに入力して、根拠資料とともに破産管財人に引き渡すことを推奨している地域もありますが、時間がなくてそこまでできない場合でも、最低限資料の確保と引き継ぎだけはしてほしいですね。

安西　申立代理人が作成した請求書・証明書の計算が間違っていたり、計算根拠が不明だったりした場合は、破産管財人としてより手間がかかること

になるので、請求書・証明書を入力するときはその点に十分注意してほしいです。

密行型と情報管理
SNS 時代の今日的課題

沢北 スーパーヌクイの事案では、密行型の破産申立てを検討していたにもかかわらず、その情報が SNS を通じて事前に漏れてしまったのですよね。

姉川 従業員と思われる方が破産申立ての旨を SNS に書き込み、それをみた債権者が店舗に来訪するという出来事がありました。

高東 複数店舗があるような大きな事案では、どこかのタイミングで経営者以外の方に話をしなければならないですし、従業員説明も行わなければなりません。難しい問題ですよね。

安西 破産するという情報が漏れたら、債権者が押し寄せるなど大変な事態になるので、内密にしてほしいとお願いしてはいますが……。

高東 でも、お願いベースですよね。

安西 そうですね。月並みですが、事業停止前は情報管理を徹底するものの、情報の拡散は覚悟しておくべきということでしょうね。

森繁 情報拡散のスピードが速くなっているので、これまで以上にその覚悟が必要だね。とはいえ、情報が漏れたとしても、破産申立てを取りやめるわけにはいかない。申立代理人としては、情報が漏れることも想定した準備を行い、混乱の収束を目指すほかないだろう。

まとめ

　破産申立てが正式に決まったあとは、申立代理人は、いかに事案を見極め、種々の作業や多数の利害関係人への対応を同時並行的に行うかが重要となります。

　裁判所に対し、早期に破産申立てを行い、破産手続開始決定を受けるわけですが、破産手続開始決定と同時に裁判所から選任される破産管財人がスムーズに管財業務を開始できるようバトンタッチするかを考え、行動することになります。

　この申立代理人と破産管財人の協働・連携の観点は、ひいては債権者全体の利益保護につながっています。

一 歩 先 へ

- 財産保全のポイント……『破産 Q&A』46頁、『実践フォーラム』61頁
- 事業用賃借物件の処理……『法人マニュアル』230頁、『実践フォーラム』123頁、『破産 Q&A』57頁
- 未払賃金立替払制度……『立替払ハンドブック』
- 各種契約関係の処理……『法人マニュアル』242頁

管財人への引き継ぎ
～管財人との協働～債権者集会

破産管財人への引き継ぎの要諦
いつ何を引き継ぐか

沢北 破産管財人への引き継ぎ面談のポイントを確認したいと思います。まず、引き継ぎ面談のタイミングはどの時点になりますか。

姉川 オープン型だと破産手続開始決定の前後、密行型だと破産申立ての直前にすることが多いでしょうね。

森繁 引き継ぎ面談のタイミングや破産管財人が申立書副本を受け取る時期に関しては、裁判所ごとで運用の違いもあるようだね。ただ、運用がどうであれ、引き継ぎ面談の日程調整は「できるだけ早く」を心がけないといけない。初動に影響が出ることもあるし、破産管財人の心情としても、破産手続開始決定以降は重大な責任を負う立場だから、できるだけ早く申立書を検討し、準備したいものだ。破産管財人候補者が決まれば、申立代理人は、直ちに破産管財人候補者に電話して、引き継ぎ面談の日程を決めよう。

沢北 預金通帳や銀行印・実印、保険証券、自動車の車検証や鍵など財産の引き継ぎについて、何か留意点はありますか。

高東 財産関係の引き継ぎでは、各裁判所が破産申立書式の一部としている引継資料のリストも参照して漏れがないようにすることが大切ですよね。それ以外でも、会社の資料関係は一見しただけでは管財業務と関係なさそうなものでも、あまりより分けたりせずに、とにかく全部持ってきてほしいです。

安西 そうですか？　私は「資料の引き継ぎだ」といって何年も前の売買契

約書とか伝票とか、会社のなかのものを何でもかんでも持ってくる申立代理人には閉口しますね。やはり案件ごとに、その会社の財産を的確に把握して、管財業務に必要と思われるものを取捨選択して破産管財人に引き継がなければならないと思います。

森繁　いずれにしても、裁判所の書式等でリストアップされている定型的な引継資料を渡せば終わり、という態度はいただけない。事案ごとに、会社の業種に応じて、どんな現場なのか、どんな財産があるのか、想像力も働かせながら、破産申立ての準備をし、その際、その会社の管財業務を具体的にイメージすることがとても重要だ。よりよい申立てのためには、管財業務への深い理解が不可欠といえる。

安西　引継資料の受領書も、申立代理人のほうで作成しておいてくれると助かりますね。

情報の引き継ぎも重要
能動的な説明の場という意識を

沢北　ほかに破産管財人への引き継ぎで、注意すべきところはありますか。

高東　財産の引き継ぎだけでなく、情報の引き継ぎも重要です。スーパーヌクイのときは、在庫商品について動産売買先取特権を主張している債権者がいることを引き継ぎ面談の際に契約書などの資料を示していただきながらご説明いただいたので、破産手続開始決定当日に債権者に対して的確に対応できました。こういう情報以外にも、経理担当者や、売掛先との細かいやりとりならこの営業担当者、というような会社のキーパーソンに関する情報も教えていただけるといいですね。

安西　シンド商会の件では、在庫商品の買取りを希望する取引先があるというお話を引き継ぎ面談の時にうかがいました。特殊な在庫や機械類などは、同業者しか現実的な買い手がない場合も少なくないですから、こういう情報も引き継ぐことができると助かります。

若井　その件では、検討の結果、警備契約は継続し、そのために電気や電話

の契約も維持しました。あえて会社のお金を使うという判断をしたわけですから、その点を理由とともに破産管財人に説明しました。また、フォークリフトなどリース契約の一部は、管財業務でも必要と考え、申立前の引き揚げには応じないで破産管財人に対応を委ねようと判断したことも破産管財人に説明しました。申立代理人がやったことをすべて説明する必要はないとしても、ポイントと考えられるところは整理して伝えました。

森繁 そういう姿勢は非常に重要だと思う。破産管財人への引き継ぎを、単に、破産管財人から何か聞かれたらそれに答える、いわば受動的な場面と捉えている人もいるようだが、それは違う。引き継ぎというのは、そこでどんなモノや情報を引き継がなければいけないのか、ということを申立代理人が事前にきちんと整理して、自ら能動的に説明する場面だ、という意識が大切だ。そのうえで、破産管財人の視点に立ち、破産管財人からどんなことを聞かれるか見通しを持って、それについても事前に準備できればなおよいだろう。

初動対応
管財業務のサポートを

沢北 引き継ぎを終えたあとに、破産手続開始決定後の破産管財人の初動に関して、申立代理人がやるべきことは何かあるでしょうか。

姉川 この段階でやるべきこととしては、追加情報の提供と現場対応の補助だと思います。引き継ぎを終えたからといって、そこで申立代理人の役目が終わったわけではありません。

仲間 追加情報の提供についてですが、密行型で迅速な申立てを優先したような場合で、申立書の記載事項のなかに追完予定としていたものがあれば、速やかに追完すべきですよね。

姉川 シンド商会の事案では、元従業員の未払給料の立替払いについて、計算根拠などを破産管財人にフォローしました。そのほかの例としては、小口の売掛明細などが多いでしょうか。

高東　破産管財人から売掛先に請求書を送ったら、値引きの話があったといわれたものの、売掛先によって破産会社の担当者が異なっていたため、破産会社の元経理担当者に聞いても事情がまったくわからないこともありました。破産管財人からすると、誰がどのような情報を把握しているのかも含め、引き継いだあともさらに詳細な情報が必要になることもありますから、申立代理人にはそこまでフォローしていただきたいです。

仲間　そのほか、オープン型の場合は申立代理人のもとで財産の換価回収などを行っているわけですから、特に事業停止後のお金の動きや換価の内容、契約関係・賃借物件の処理などは、必要に応じて資料とともに申立代理人がきちんと説明すべきですよね。

森繁　そもそも代表者と申立代理人には説明義務があるので、真摯に対応すべきところだ。また、それにとどまらず、管財業務をスムーズに行うための積極的なサポートを行うという意識も大事だな。

現場への同行
事案に応じた説明ができるように

沢北　破産手続開始決定後、破産管財人が本社や営業所、店舗や工場などの事業拠点に行く際、申立代理人も同行しますか。

姉川　私はなるべく同行するようにしています。破産会社の代表者等のほうが詳しいこともありますが、やはり、弁護士の観点からの説明をしておきたいですね。

高東　破産管財人は初めてその会社に行くわけですから、会社のことはまったくわかりません。代表者等から現場の状況や必要な資料の所在などをきちんと説明していただきたいところです。

安西　ご説明いただきたい内容としては、例えば、入口の解錠・施錠方法に始まり、施錠できない入口はないか、在庫・仕掛品・原材料や自動車・機械類の保管場所・保管方法、リース物件・預かり物件・所有権留保物件の有無と所在、経理データの入力状況、帳簿類や契約書類の保管場所などが

あげられますね。

高東　ただ、代表者等からの説明があれば、破産管財人としては申立代理人の同行は不要とすることもあります。事案と現場の状況次第ということですね。事案によっては、引き継ぎ面談も現場でやってしまうこともありますよ。

安西　規模が大きかったり複数の拠点があったりするような事案だと、破産管財人としては、一度の説明では把握しきれないこともありますね。

姉川　以前に申立代理人として関与した事案では、広大な工業地帯のなかに破産会社が複数の工場を保有していたため、現地の航空写真をプリントアウトして、どこが破産会社の敷地・工場でどういう設備があるかという印をつけたものを見せながら、破産管財人と一緒に現地確認をしたことがあります。

森繁　要は、どこに何がどのような状況であるか、破産管財人がきちんと把握できるようにするということだな。

仲間　同行とは違うお話になりますが、申立代理人としては、破産申立前に必ず一度は現地を確認しておく必要があります。密行型では難しいこともありますが、財産の物理的な保管状況など、きちんと確認しておかないと予期せぬトラブルが生じてしまうこともあり得ます。

破産管財人との協働
内容に応じて速やかに対応を

沢北　そのほか、破産管財人との協働の場面として、破産管財人から、追加で質問やリクエストが来ることもありますね。

姉川　特に、破産会社の過去の入出金の内容について尋ねられることが多いでしょうか。管財業務に必要なリクエストなわけですから、申立代理人としては速やかに対応すべきです。

高東　破産管財人が破産会社の関係者から直接聞いてももちろんよいのですが、申立代理人を通じて確認していただくこともありますね。やはり申立

代理人の先生のほうが信頼関係を構築できていることも多いですから。それに、関係者の説明だけでは一見すると不明瞭に思えるものだったとしても、申立代理人がきちんと整理して報告すれば、結果的に依頼者の防御につながるという面もあるのではないでしょうか。

沢北 破産管財人がやるべき調査を代わりにやるよう求められた場合はどうしますか。

仲間 破産管財人との協働ということで、申立代理人限りでも対応可能なものであれば、なるべく協力するようにはしています。

安西 一方で、破産管財人としては、本来自分でやるべき業務を代行させるような要求をしては駄目ですよね。協働というのはあくまでも役割分担が前提なのであって、申立代理人は破産管財人の補助者ではありません。

沢北 申立代理人側で、あとになって判明した財産があった場合はどうしていますか。

仲間 当然、破産管財人に速やかにお知らせします。このとき、破産管財人から申立書の補正を求められることがたまにありますが、基本的には報告書で足りると考えています。きちんと破産管財人と情報共有できてさえいれば管財業務に支障はないわけで、破産手続開始決定後であるにもかかわらず申立書自体を修正させる意味があるのか疑問です。

高東 私も同感ですね。よほどのことでない限り、中身がわかればそれでいいので。それをやり出したら、破産申立前に時間をかけて申立書を作り込めという方向に流れていきかねません。それよりは、迅速な破産申立てと破産手続開始決定を目指すことが、結果的にスムーズな管財業務の遂行につながるのではないでしょうか。

否認対象行為への対応①
積極的なフォロー・サポートを

沢北 ところで、破産申立前に否認対象行為があることが判明した場合、申立代理人として、どのように対応していますか。

森繁　事実関係を確認して、裁判所や破産管財人に丁寧に報告・説明するようにしている。

高東　なかには、破産管財人から指摘を受けてから説明をするスタンスの申立代理人もいます。しかし、破産管財人から指摘を受けるより前に、申立代理人から進んで説明をしていただけるほうが穏当な解決がしやすいです。

姉川　破産管財人から指摘を受けなければ説明しないというスタンスだと、申立代理人が隠蔽していると疑われかねません。

安西　否認対象行為のなかには、債権者が強硬で代物弁済せざるを得なかったといったケースもあれば、代表者側で財産隠匿や親族等に対し偏頗弁済をしてしまったというケースもあります。いずれのケースでも、申立代理人として情報収集をして、破産管財人に正確に事実を伝えることと、代表者の法的な利益を擁護することの双方が必要だと思います。

高東　一見すると悪質な否認対象行為のようにみえても、説明を尽くしていただければ、相応の事情があったと多角的にみることが可能になることもあります。

森繁　破産管財人は、多数の債権者や利害関係人がいるなかで、事件を大局的にバランスよく解決することが求められている。破産管財人の役割を理解して、申立代理人として誠実に対応することが、よりよい事件解決のために必要だ。

否認対象行為への対応②
破産管財人から指摘を受けた場合

沢北　なかには、否認対象行為があったことを申立代理人のほうで把握できておらず、破産管財人の調査で初めてわかることもありますね。その場合、破産管財人の立場からは、まず代表者から事情を聴取しますか、それとも申立代理人も含め双方から聴取しますか。

高東　事案によりけりですが、いずれにせよ、否認対象行為として問題のある事案であることがわかれば、申立代理人には説明を求めます。

安西 代表者の説明のみで否認対象行為であると判断したり解決方針を決めたりはしません。

仲間 引き継ぎ面談も終わって、しばらくした頃、破産管財人から「代表者と一緒に破産管財人事務所に来ていただきたい」と連絡を受けることがありますが、このような場合には、これは何かあるな、と思わないといけないですね。

姉川 そのような連絡を受けたときは、受け身で終わるのでなく、その場で面談の趣旨などを確認して、面談までに、代表者から事情を聴くなどして、できる限りの情報収集と事案の整理をするようにしています。

仲間 面談の場でも、代表者が事情聴取を受けるのに同席するだけでなく、申立代理人として適切なフォローやサポートができるよう心がけています。内容によっては、面談の場で、破産管財人に対し、まずは申立代理人のほうで調査・事実確認をして報告します、といって、懸案事項を引き取ることもあります。

姉川 代表者の説明のみだと、必要な事実関係を過不足なく説明できているとは限りません。また、事実に対して法的な説明づけをするのは申立代理人の役目ではないでしょうか。

高東 そもそも否認対象行為であることや、その結果としてどのような処理がされるのかについて、代表者等の理解が得られないこともあります。そのような場合には、申立代理人が代表者等に説明をして理解が得られるようにしてもらえるとスムーズに進められますね。

安西 そのようにして適切なフォローやサポートをいただけると、破産管財人としては事件を進めやすいですね。

財産状況報告集会への対応①
代表者の出席確保

沢北 続いて、財産状況報告集会について、代表者の出席確保のために工夫していることはありますか。

姉川　うっかり集会期日を忘れていた、なんてことになると、代表者が事件に真剣に向き合っていないと思われかねません。代表者は、会社が破産すると生活環境が大きく変わるため、悪気はなくても集会期日を忘れてしまうことがあるので、集会期日が近づいてきたら、必ず代表者に連絡をとって、日程や待ち合わせ場所について、念押しをするようにしています。

森繁　申立代理人としては、破産手続開始決定がなされると、どうしても一区切りがついたとして、気が抜けてしまいがちだ。しかし、事件が終結するまで、いろいろと目配りをして、代表者をサポートすることが必要だ。

仲間　なかには、代表者が病気を患っていて、どうしても出席することができない場合もあります。そのような場合には、事前に、診断書等を添付した上申書を作成して、裁判所に提出し、破産管財人にも報告します。

財産状況報告集会への対応②
代表者の同行

沢北　当日の代表者との待ち合わせは、どのようにしていますか。

姉川　代表者には、時間に余裕をみて事務所に来てもらい、一緒に裁判所に行くようにしています。場合によっては、集会期日の対応など少し打ち合わせをすることもありますね。

森繁　裁判所の近くや裁判所庁内で、債権者に囲まれてしまうこともある。

仲間　多数の債権者に取り囲まれてしまうと、債権者に悪気はなくても、代表者一人では適切な対応ができないことがあります。

姉川　ここぞとばかりに代表者を糾弾しようとする債権者がいることもあります。

森繁　集会は、ただ代表者の出席を確保すればよい、というものではない。事案に応じて、行き帰り、少なくとも裁判所の庁内で代表者が窮地に立たされるようなことがないよう、配慮することも必要だ。

安西　代表者を別の出口から帰すなどの対応が必要になることもあります。その種の情報は必ず事前に破産管財人と裁判所に共有しておくべきでしょ

う。

財産状況報告集会への対応③
代表者からの挨拶

沢北 債権者が出席している集会では、冒頭、代表者が債権者の方々に挨拶することが多いですね。申立代理人として、どのような点に気をつけていますか。

姉川 代表者には、事前に、誠実に一言挨拶するよう求めています。

仲間 集会当日に代表者から何の一言もない、というのでは、債権者に不満が残ることもあると思います。

森繁 なかには、代表者に挨拶を求めることをしていない裁判所もある。そのような場合、申立代理人としては、事件の性質や債権者の顔ぶれをみて、必要に応じて、挨拶をさせてほしいと裁判所に事前にお願いしておくことが大事だ。

姉川 その挨拶は、神妙にしつつもあまり長くならないようにしてもらうことが多いですね。

仲間 それから当日の服装に関しては、年齢や業種などにもよりますが、あまりにラフなものは避けるようアドバイスしています。

財産状況報告集会への対応④
進捗の共有

沢北 集会に出席しても、それだけでは、代表者にはなかなか事件の進捗について理解できないことも多いと思います。申立代理人として、どのような工夫をしておられますか。

姉川 集会後には、集会の内容や事件の進捗等を代表者にかみ砕いて説明しています。

森繁 債権者が出席しない案件では、破産管財人からの報告は省略されることが多い。また、債権者が出席して破産管財人が説明をしても、集会期日

の説明だけでは、代表者が正確に理解できないこともある。

安西 事件の進捗状況、残務の内容や今後の方針、事件終結時期の目途等は、破産管財人としても、申立代理人や代表者に説明するようにしています。

高東 私は、期日前に申立代理人に電話をかけて、進捗について概要を伝えるようにしています。次回期日や今後の予定について申立代理人と共有して、そのうえで期日を迎えるほうがよい、と思っています。

森繁 代表者は、事件の進捗状況や今後の進行の見通しが気になるものだ。申立代理人は、これらの情報を代表者と共有できるよう配慮することが大切だ。

まとめ

　申立代理人から破産管財人へのスムーズかつ十分な引き継ぎは極めて重要です。法人の代理人として先行して活動する申立代理人から、裁判所から選任された中立公正な破産管財人に対し、バトンをつなぐわけです。両者の置かれた立場は大きく異なるものの、できる限りタイムラグなく引き継ぐことにより、破産手続開始決定で個別の権利行使を禁止される債権者の利益を守ることになることを理解しておきたいところです。

　また、申立代理人は、破産管財人への引き継ぎを終えることでその役目を終えたわけではなく、その後も依頼者である法人の代表者のフォローとサポートに努めることになります。

一 歩 先 へ

● 申立代理人と破産管財人との協働・連携……『実践フォーラム』21頁、67頁、『法人マニュアル』259頁

● 裁判所への事前相談……『法人マニュアル』262頁、『実践フォーラム』41頁

● 否認対象行為への対応……『実践フォーラム』132頁

手続選択

シンド商会の手続選択
どうすれば破産を回避できたか

沢北 倒産の危機に直面した会社から相談を受けたとき、すぐに破産申立ての検討に入るのではなく、限られた時間のなかで、事業存続の可能性がないか、その可能性がある場合にはどのような方法が考えられるか、また、やむなく事業を清算する場合でも、その手法や手順などを検討することになりますね。

森繁 手続選択の問題だな。依頼者が、資金繰りは厳しいもののなんとか事業を存続させたいと願っている場合、可能な限り、その途を模索して、活路を開いていくことが大切だ。まさに弁護士の力量が問われるところだ。

沢北 シンド商会は、結論として破産手続を選択されましたが、破産以外の選択肢はなかったのですか。

姉川 新戸社長が最初に相談に来られた時点で、翌週末に1000万円の手形が不渡りになる見込みでしたので、そもそも、とり得る選択肢は極めて限られていました。

若井 相談の際、新戸社長は「その手形をジャンプしてしのぐことができれば、翌月以降も何とかできないか」と考えていらっしゃいました。ですが、たとえその手形をジャンプできたとしても、翌月末には、再び資金がショートしてしまうような状況でした。

森繁 手形をジャンプできたとしても、その先の展望を描けなかった。この件は、破産やむなしだったといわざるを得ない。

高東 とにもかくにも資金繰りが重要ですね。資金繰りがここまで悪化して

いない段階であれば、事業存続を前提とした手続選択を検討する余地があったかもしれません。

沢北 どのような事情があれば、シンド商会は破産以外の選択肢をとる余地があったのですか。

姉川 新戸社長によれば、6年前くらいから大型家具店の台頭やネット通販の一般化によって、経営が厳しくなっていったとのことでした。経営環境が悪化しはじめた初期の段階であれば、中長期的な経営改善の可能性を探ることができたでしょう。

若井 相談に来られた時点でも、シンド商会の主な負債は金融機関と取引先だけで、公租公課の滞納や給料の遅配はありませんでした。例えば、もう1年くらい早く相談に来ていただけていれば、手形不渡りに至らないように資金繰りのコントロールができたと思います。

姉川 資金繰りが破綻しなければ、自力での経営改善の余地がありますね。最近は金融機関がリスケジュール（返済条件の変更）に柔軟に対応してくれます。元金返済を止めて利払いのみにし、経営改善を目指すという選択肢があったように思います。

若井 あるいは、例えば、もう半年ほど時間があればスポンサーへの事業譲渡などで事業を存続させられる可能性もありましたね。

森繁 資金繰りに余裕のある段階で相談に来てもらえると選択肢に広がりが出る。繰り返しになるが、少しでも早く、専門家への相談に来てもらいたいということだな。

安易に破産と結論づけない
弁護士はメニューを知り、使えるようになる

沢北 ざっとうかがうだけでも、さまざまな選択肢があったことになりますね。もう少し一般化して示していただけますか。

姉川 負債の整理をしなくても事業の立て直しが見通せるのであれば、金融機関に相談してリスケジュールを受けながら経営改善を図ります。この場

合、中小企業活性化協議会（旧・中小企業再生支援協議会）を利用すること
が考えられます。自力での経営改善が難しくても、この段階なら事業価値
の毀損が小さいので事業譲渡の可能性が高まります。

安西　経営改善だけでは事業を立て直すことができず、負債の整理が必要
だったとしても、いきなり法的整理を選択するのではなく、私的整理を検
討すべきです。資金繰りを維持できるのか、取引債務は支払いきれるのか、
といった観点から検証します。私的整理であれば、金融機関のみを対象と
するため、経営状況の悪化を外部に知られることはなく事業価値の毀損も
大きくありません。

　この場合、中小企業活性化協議会や特定調停が主たる選択肢になろうか
と思います。事業譲渡と組み合わせることも考えられます。

高東　私的整理だけでは処理が難しい場合、とりわけ会社に一定の規模があ
る場合には、民事再生を検討しますね。

姉川　いったん再生債権の弁済を止めて資金繰りを維持することができ、過
剰な負債を処理すれば事業が立て直せる見込みがある場合には、民事再生
を選択したいですね。確かに、商取引先への支払いも止め、経営悪化を外
部に公表することにはなりますが、過剰な債務負担を一気に解消できるの
と、水面下ではなく公に探せるという点でスポンサーをみつけやすくなる
こともある、というメリットがあります。

高東　民事再生でも難しいとなったら、初めて破産となるわけですが、破産
を選択するとしても、適正価格で事業譲渡をして事業を活かす方法も検討
しておくべきです。もちろん、後日否認されることのないよう、対価の相
当性などに注意を払う必要があることが前提ではありますが。

森繁　窮境企業からの相談があっても、破産とは限らない。自力再建が難し
そうでも即事業停止という判断をしてはいけないね。破産せずに事業存続
する選択肢はあるし、破産するとしても事業譲渡の可能性はあるのだから、
相談を受けた弁護士は、どういった手続をとるべきかよくよく吟味する必
要があるな。その前提として、弁護士は、多種多様な事業再生のメニュー

を知り、これまで出てきたような要素と選択肢を検討して、それを使いこなせるようになっておかなければならないね。

事業存続の可能性がある法人か否かの見極め
ビジネスの視点をもつ

沢北 スーパーヌクイは、破産直前まで、事業譲渡の可能性を探っていたのですよね。その可能性があると判断したのはなぜですか。

仲間 シンド商会の場合は「卸」という業種自体の事業性の厳しさがありましたが、スーパーマーケットにはそういった問題はありません。やり方次第では業績が上向くことも考えられますし、複数の店舗展開によるスケールメリットも追求できる業種です。スポンサー候補もつきやすいのではないかと考えました。

高東 それにスーパーは日銭商売ですからね。日々資金が動くなかで、ギリギリまで事業継続を図ることができます。

仲間 けれども、結果としては、事業譲渡の検討中に資金ショートが不可避の状況になってしまいました。非常に残念に思っています。

沢北 事業存続の可能性があるかどうか、どのような要素に着目すればよいでしょうか。

安西 まずは資金繰りです。資金繰りが維持できなければどうにもなりません。ただ、現時点では厳しいとしても、改善の見込みが考えられるのであれば、清算ではなく存続を検討すべきです。売掛金の早期回収を図る、支払サイトの繰り延べを要請する、固定費を見直すなどの方策がとれれば、手元の資金繰りが改善する可能性はあります。

高東 損益計算書の確認も欠かせませんね。利益は出ているのか、出ていなくとも改善の見込みがないかを検討します。売上げや収益を向上させたり費用を削減したりすれば、営業利益や経常利益を確保できる可能性があります。

安西 資金繰りや損益の改善ができれば、法的倒産手続をとる必要はありま

せん。

仲間 貸借対照表の改善も検討しなければなりません。遊休資産を売却して負債を圧縮する、さらにすすめて金融機関の借入金のリスケジュールや、ときには過剰債務の抜本的処理を依頼することも考えてみます。金融調整（金融機関調整）で済むのであれば、やはり法的倒産手続は不要になります。

姉川 複数の部門がある法人の場合、不採算部門を整理し、優良部門のみを存続させたり、譲渡したりする方法も考えられます。高度な法律知識が欠かせない分野です。

沢北 資金繰りや損益計算書、貸借対照表は、弁護士も精緻に分析しなければならないということでしょうか。

高東 他の専門家と議論できる程度の知識は必要ですが、細かく分析せよということではありません。この会社はどういう商売をしていて、どこから売上げを得て、どういう経費が発生するのか、そこに改善の余地はないのか。そうした検証作業を踏まえて、経営改善や事業譲渡の可能性を検討できればよいと思います。

仲間 弁護士だけで遂行しなければならないわけではありません。税理士や公認会計士など専門家の力を借りなければできないこともたくさんあります。むしろ、専門家の輪のなかにわれわれ弁護士も積極的に関与していくべきですね。

森繁 法的倒産手続ではなくソフトランディングを図るべき領域でも、ビジネスの観点をもったうえで、弁護士の強みである利害関係の調整能力を発揮できれば理想だろうな。

沢北 ここまで手続選択を順序立ててご説明いただきましたが、実務の現場でも理路整然と進められるものでしょうか。

姉川 実務は理路整然となんか進みませんよ。シンド商会のときも、資金繰りや損益計算書の改善の検討を行い、破産は不可避であるという結論にはなりましたが、それでもいわゆる密行型の破産申立てにするか、それともオープン型の破産申立てにするか、資金繰り、おかれた状況、従業員や取

引先をはじめとする関係先への影響を考慮しながら、ギリギリの判断を行いました。幸い、売掛金が満額回収できたので、事前に立てた方針どおりに進めることができましたが、回収できなかったら大幅な方針変更も検討せざるを得なかったと思います。まさに綱渡りで乗り越えたという感想です。

森繁　走りながら考える。大変でもあり、弁護士としての力量が問われるところだろうね。

代表者の意向の尊重と代理人の役割
説明を十分に尽くし、決断を委ねる

沢北　スーパーヌクイの事案では、最初に相談に来られた2月末の時点では、貫井社長は破産など考えていなかったですよね。一方で、3月末には資金繰りがショートしそうな見込みでした。代理人としては、非常に難しい立ち位置でしたね。

仲間　はい……。当初、貫井社長は、事業譲渡の可能性がある以上、破産など検討できないというお考えでした。そこで、貫井社長には、事業譲渡ができなかった場合、そこから準備を始めたのでは破産申立てができなくなるおそれがあることを説明したり、ギリギリまで事業譲渡の可能性を探り、あくまで破産申立て準備は事業譲渡ができなかった場合に備えるという話をしたりして、なんとか破産申立ての準備をすることの了承をいただいたのです。

森繁　われわれは代理人である以上、どのような手続を選択するのかを決定するのはあくまで代表者自身だ。経営者であれば最後まで経営に責任をもちたいと思うのは自然なことで、破産はできる限り回避したいと思うのも当然だ。

若井　事務所に来られたときも、森繁先生はいきなり破産だとはいっていませんでしたね。

森繁　そうだ。資金繰りなどの情報交換をしながら、どのような手続を選択

することができるのか、そのメリットやデメリット、具体的な見込みや影響等を説明し、代表者が時機に後れず決断できるようサポートすることを心がけた。決断してもらうためには、代表者の意向を受け止めたうえで専門家として丁寧に説明を行い、代表者に納得してもらうことが大切だ。

仲間 スーパーヌクイも事業譲渡の可能性を最後まで探ったため、事業停止予定の約10日前まで破産の方針が確定しませんでした。

高東 私が申立代理人を務めた案件では、破産と方針を決めてその準備をしている期間中に、何度も代表者から連絡があって、やはり再建を検討したいという意向を聞き、再建を前提とした検討と破産やむなしではないかという協議を繰り返すということもありました。

沢北 納得しての決断を待つにしても、資金繰りなどの客観的状況から待てる期間にも限界がありますよね。

森繁 その場合は、期限を示して決断を促すことも必要だが、代表者は、頭では理解しているつもりでも、破産を決断することはそんなに簡単なものではない。本当に代表者の納得を得たうえでの決断をしてもらうには、期限を決めたとしても、第2の期限、さらに1日と期限を延ばして初めて決断してもらえることもある。

高東 特に、資金援助の話がある場合には、それがどんなに可能性が低いものであっても、代表者が決断できない場合がありますね。

森繁 そのような場合も、代表者の意向を尊重しつつ、並行して決断を先延ばしにした場合の悪影響も含めて丁寧に説明し続け、納得を得られるよう努力するほかないな。

沢北 相談に来られる経営者のなかには、心が折れてしまった方もいらっしゃいますね。

高東 これまで事業継続に向けて踏ん張ってきた気持ちが途切れてしまって、破産と決めて相談に来られる方に遭遇することもあります。そのような場合であっても、まずは破産以外の選択肢を検討し、それでも破産というときには、破産手続の流れや債権者や従業員、代表者個人やそのご家族への

影響といったことを説明して、将来への漠然とした不安をできる限り具体化してあげることが重要です。

姉川　特に代表者やそのご家族への影響については、破産だけではなく、経営者保証ガイドラインによる保証債務の整理も含めて説明するようにしています。

森繁　そのような説明をしてあげることが、代表者の決断の助けになる場合もあるな。

密行型とオープン型
その分水嶺は

沢北　シンド商会はオープン型、スーパーヌクイは密行型の破産申立てでした。改めて、密行型の意義を教えてください。

姉川　密行型は、受任～事業停止～破産申立て～破産手続開始決定を1日で行うので、事業停止後すぐに破産手続開始決定の効果を及ぼすことができます。事業は停止したけれど破産手続開始決定はまだ出ていない、という不安定な期間が長くなればなるほど財産散逸のおそれは高まりますが、密行型は、この期間を限界まで短くできるのです。可能な限り密行型を選択すべきだと思いますし、密行型が難しくても、できるだけこの不安定な期間を短くするため、早期の申立てを心がけるべきです。

沢北　「可能な限り密行型」ですね。密行型は、どのような状況であれば可能なのでしょうか。

仲間　事業停止の時点で、想定される裁判所予納金と適正な申立代理人報酬が賄えるだけの資金が確保できることが条件です。さらに、従業員に対する解雇予告手当と最後の給料を支払うだけの資金があるのが望ましいですね。逆に、事業停止の時点でこれらの資金が確保できないのであれば、オープン型を選択し、事業停止から申立てまでの間に売掛金を回収するなどして、資金確保を目指すことになります。

姉川　スーパーヌクイは、事業停止の時点で裁判所予納金・申立代理人報

酬・解雇予告手当・給料の大部分が支払える状態でしたので密行型を選択
できました。他方、シンド商会では、事業停止後に回収する売掛金で最後
の給料を支払うという計画でオープン型を選択しました。

沢北 ほかに、密行型かオープン型かを決める際の要素はありますか。

森繁 公租公課の滞納があるかどうかだ。売掛金などの会社の資産が滞納処
分で押さえられてしまうと、最低限の資金すら確保できなくなり、非常に
厳しい状況に追い込まれてしまう。だから、公租公課の滞納がある場合に
オープン型を選択するのは、かなりリスクが高いといえる。

沢北 密行型は、営業していた会社が突然事業を停止してその日のうちに破
産手続開始決定まで出ますから、債権者からは、秘密裡に着々と破産の準
備をしていたようにみられ、「騙し討ち」といわれることもありますよね。

姉川 密行型は決して債権者への騙し討ちなどではないと考えています。実
際、スーパーヌクイのときもそうでしたが、代表者はギリギリまで事業継
続を模索しつつ、やむを得ず破産申立ての決断をしています。

高東 そのとおりです。経営者は、破産したら取引先や従業員に迷惑がかか
ることを重々承知しているからこそ、なんとか事業を継続しようと踏ん張
り、でも最後は、取引先や従業員にかかる迷惑を少しでも小さくするため、
やむを得ず破産を決断するんですよ。密行型の債権者対応はなかなか厳し
い場面ですが、経営者の苦渋の決断を申立代理人からも誠実に粘り強く説
明し、納めてもらうようにしています。

安西 オープン型だと、どうしても、事業停止から破産手続開始決定までの
間に会社の資産が散逸したり、価値が下がったりするリスクがあります。
他方、密行型は、事業停止直後に破産手続開始決定の効果を及ぼすので、
配当原資となる会社の資産を適正に確保することができ、債権者に対する
公平な配分が期待できます。この密行型のメリットは、もっと理解が広
まってほしいと思います。

仲間 密行型って申立代理人の経験値としても価値が高いですよ。これを乗
り越えられれば怖いものなしですから。みんな積極的にチャレンジしてほ

しいと感じています。

沢北　ただ、実際のところは、まだまだ密行型の申立ては少ないですよね。

森繁　やはり、経営者はなんとか破産だけは回避しようとして、資金が枯渇するギリギリまで事業の継続を模索し続けるからだろう。それ自体は自然なことだが、もっと手前の段階で、われわれ弁護士のところに相談に来てもらえるようになればと思っている。そうなるためには、弁護士の意識改革も必要だろう。

弁護士の意識改革
破産だけではない、積極的な早期の支援を

沢北　弁護士の意識改革……。どうすればよいのでしょうか。

安西　不名誉なことですが、「弁護士のところに行くと、すぐ破産を勧められる」といわれることがあります。確かに、弁護士が関与する時点で、法人の事業価値が相当程度毀損しており、破産以外の選択肢がとれないことが多いのは否定できません。弁護士がもっと早く事業者と関わりをもつ必要があるのでしょう。

仲間　事業存続や事業譲渡を検討する場面では、税理士や公認会計士とチームを組むのが通常です。これからは、専門家が抱えている案件に積極的に関与するということが重要だと思います。普段から情報交換をして、気軽に声をかけてもらえる存在にならないといけませんね。

姉川　それに、金融機関をはじめとする債権者と交渉する機会も多くありますが、交渉は弁護士の本来業務です。事実の調査・整理、依頼者や各方面への説明もそうですね。利害関係が対立する局面でも冷静に話を進められるというのは、弁護士の強みだと思います。法的倒産手続以外の場面でも弁護士は活用できるのだと積極的にアピールしていきたいですよね。

安西　ただ、弁護士の強みは法的手段がとれる点にあるとはいえ、法律で押し切ろうとしてはならないと思います。特に、事業が存続していく場合には、金融機関や取引先、従業員との関係が今後も継続していくことになり

ます。利害関係者との信頼関係維持が必須です。

森繁　弁護士がとれる手段は、破産だけではない。多様なメニューから適切な手続を選択し、それを実践していくことができるんだ、ということをもっと前面に押し出したいね。そのためには、弁護士側も、会計の知識やビジネスの視点をもち、各方面と協調しながら進めていく柔軟性も不可欠だ。日々学び、そして実践する。その先に、利害関係者すべての全体最適がみえてくるのではないかな。

ま と め

　本書は、タイトルにあるとおり「法人破産申立て」を適切かつ迅速に行うことを目指すものですが、その前提は、手続選択において、最後の手段としての破産を選択した場合です。

　実は、この手続選択がとても重要なのです。

　事業の存続、事業の再生を目指す再建型の私的整理や法的整理などさまざまな選択肢があり、それらを検討していきます。弁護士に相談したときには手遅れで、これらの選択肢がどんどん消えていき、破産を選択するしかない事案もありますが、そのなかでもよりよい解決・処理を目指しています。早期の相談が肝要です。

　手続選択については、『法人破産申立て実践マニュアル［第2版］』87頁以下や『実践フォーラム　破産実務』416頁以下も参照してください。

一 歩 先 へ

- ●手続選択……『実践フォーラム』416頁
- ●破産申立前の事業譲渡……『実践フォーラム』178頁
- ●金融機関への支援依頼……『実践フォーラム』461頁、『実践GL』215頁

第4章

経営者保証ガイドラインを利用した債務整理

ストーリーⅢ
経営者保証ガイドライン

　スーパーマーケットを 2 店舗経営する株式会社スーパーヌクイは、3 月 15日、事業譲渡の目途が立たず、破産申立ての準備を進めることとなった。

　時を同じくして、代表者である貫井明の債務整理も進められていた。

代表者の債務整理
経営者保証ガイドラインも選択肢となる

🕐 3月16日（土）　10時

　貫井は、自身の債務整理の打ち合わせのため、仲間法律事務所を訪れた。仲間忠宏弁護士（59期）は、森繁法律事務所の若井健三弁護士（68期）にも協力してもらい、貫井の資産・負債の情報を整理した。

　貫井の負債は、スーパーヌクイ（主債務者）の金融債務（3 行から総額約 10億円）の連帯保証債務と、主債務者のリース債務（1 社から約 1 億円）の連帯保証債務のみ（個人固有の借入れなし）。個人資産は、預貯金債権約 150万円、保険の解約返戻金約50万円。貫井所有の自宅不動産には、A 銀行（主債務者のメイン銀行）の根抵当権が設定されており、オーバーローンの状態にある。

貫井　事業譲渡の話がなくなってしまい、会社の破産が避けられないことは理解しているのですが、まだ気持ちの整理がついていません。先代社長の養子となり会社の経営を引き継いで 2 年、いま34歳です。会社が破産を申し立てざるを得なくなったことには責任を感じています。やはり私も破産することになるのでしょうか……。

仲間　いえ、直ちに破産というわけではありません。貫井社長の負債は、会

社の金融債務とリース債務の連帯保証債務だけですから、経営者保証ガイ

ドラインによる債務整理も検討可能ではないかと考えています。

貫井　経営者保証ガイドラインとはどのような制度ですか。

仲間　経営者保証ガイドラインは、中小企業庁や金融庁の関与のもと、経営

者保証に関する中小企業、経営者及び金融機関の自主的かつ自律的な準則

として策定されたものです。債務整理の場面では、債権者との合意により、

破産した場合の99万円以下という自由財産枠に加えて、一定の資産を残し

つつ、残った保証債務の免除を受けることができる制度です。また、債務

整理の事実が信用情報機関に登録されることもありませんから、クレジッ

トカードを利用することもできますよ。

経営者保証ガイドラインの対象債権者
リース債権者も対象債権者として取り込める可能性は十分にある

若井　経営者保証ガイドラインの原則的な対象債権者は金融機関です。本件

は、債権者のなかにリース会社がありますが、どう処理するのでしょうか。

仲間　リース会社も対象債権者として取り込んで処理してはどうかと考えて

います。中小企業向けのリース契約に関する経営者保証ガイドラインもで

きましたし、リース債権者のEリースはA銀行の関連会社ですから、理解

を得やすいかもしれません。経営者保証ガイドラインでは金融機関以外の

債権者も一定の場合には対象債権者にすることができるとされており、そ

うした債権者を含めて整理した事例も増えています。

若井　ほかに支障になりそうな点はありますか。

仲間　経営者保証ガイドラインでは、主債務者や保証人が誠実に弁済してき

たこと、負債を含む財産状況を適時適切に開示してきたこと、債務者に破

産の場合の免責不許可事由がないことなども要件とされていますが、いま

のところ特に問題になりそうな点はありません。

経営者保証ガイドラインで残せる資産
99万円を超える資産を残せる余地があるのか

貫井　どれくらい資産を残せるのでしょうか。

若井　経営者保証ガイドラインでは、対象債権者に経済合理性が認められる範囲内で自由財産枠を超える一定の資産（インセンティブ資産）を残すことができる、とされています。

　　主債務者が清算する場合の経済合理性は、主債務者と保証人が将来破産した場合と比べて対象債権者の回収見込額が増加したといえるかで判断します。貫井社長のように主債務者が破産する場合でも、早期の破産申立て着手により資産の散逸・劣化を防いだと評価できれば、将来的に主債務者と保証人が破産した場合と比べて対象債権者の回収見込額が増加したといえ、その範囲内で一定の資産を残せることもあります。

　　ただ、現時点では、会社の破産手続で債権者に配当できるかどうかわかりませんので、貫井社長にどれくらいの個人資産を残せるか、はっきりと申し上げることはできません。ご自宅を除いた資産約200万円のうち99万円を超える部分は弁済に充てる必要があるかもしれませんので、その点はご承知おきください。

貫井　自宅は残せないのでしょうか。

若井　残念ながら、ご自宅にはＡ銀行の金融債務を被担保債権とする極度額１億円の根抵当権が設定されているため、換価してＡ銀行への弁済に充てるほかなさそうです。

仲間　説明を補足いたします。経営者保証ガイドラインでは、経済合理性の範囲内で「華美でない自宅」を資産として残すことができるとされていますが、想定されているのは基本的に無担保の自宅不動産です。被担保債権が住宅ローンの場合には、住宅ローンの弁済を継続することで、オーバーローンで資産価値のない自宅を残す余地もあるのですが、貫井社長のご自宅は、主債務者の金融債務の担保に供されています。この場合、担保解除

を受けるためには、ご自宅の公正価額を担保権者に弁済する必要があります。公正価額分の弁済ができない場合は、自宅不動産を売却換価して担保権者への弁済に充てることになります。

貫井 そうですか……。それでは、引っ越し先を探さないといけませんね。それでも、破産せずに済むのであれば、経営者保証ガイドラインを利用した債務整理の方向で進めていただけますでしょうか。

仲間 わかりました。ですが、経営者保証ガイドラインによる債務整理は、すべての対象債権者と合意する必要があり、交渉に時間を要することもあります。また、対象債権者のうち1社でも同意が得られないと成立しません。その場合は、破産を含む法的整理を進めざるを得ませんので、あらかじめご理解ください。

貫井 わかりました。

若井 また、会社の破産申立てと同時に、すべての対象債権者に対して、貫井社長が債務整理の準備に入ることを伝える受任通知を発送します。今後はすべての対象債権者に対する返済を停止し、私たちに断わりなく新たに債務を負担したり、資産を売却したりすることは控えてください。

🕐 **3月25日（月）　9時45分**

前日、スーパーヌクイが事業を停止し、仲間らが本日9時に同社の破産を申し立て、9時30分、破産手続開始決定が出た。同社の破産管財人が選任され、第1回債権者集会期日が6月11日（火）と指定された。

仲間法律事務所の事務員は、仲間の指示に基づき、貫井の対象債権者宛てに経営者保証ガイドラインによる債務整理を予定していること、及び信用情報機関への登録を控えるよう求めることを記載した受任通知を、FAX送信による方法で送付した。

🕐 **3月25日（月）　13時30分**

スーパーヌクイの最終現金の確保や従業員説明会、現場保全等のために、

前夜から1号店に張り付いていた仲間が、破産管財人への引き継ぎを終えて仲間法律事務所に戻ってきた。

　仲間は、貫井の債権者に、順次電話をかけることにした。

対象債権者とのファーストコンタクト
話し合いの姿勢で臨みたいところ

A行　突然、破産手続開始決定が出たそうですが、どういうことですか。当行は、昨年秋にリスケに応じたばかりなのですよ。

仲間　経営改善のために元本返済の猶予をいただきながら、今回このようなことになってしまい、大変申し訳ありません。なんとか事業を残そうと、スポンサーを探していたのですが、結局みつからず、自力で資金ショートを回避するのも困難な状態となり、やむなく、廃業・破産という選択に至りました。

A行　……。

仲間　本日、お電話したのは貫井社長個人のことです。貫井社長の保証債務につきましては、経営者保証ガイドラインを利用して整理したいと考えております。経営者保証ガイドラインの利用について、ご検討いただけますでしょうか。

A行　会社と社長それぞれからの配当の見込みはあるのですか。

仲間　現段階ではなんとも……。会社のほうは、本日付けで破産管財人が選任されましたので、配当見込みについては破産管財人にご確認ください。貫井社長個人の資産及び負債の状況は今後調査のうえ、ご報告させていただきます。

A行　社長の自宅はどうされるのですか。当行の担保権が設定されているのはご存じですよね。

仲間　はい。自宅は任意売却をする予定です。売却条件等はまた相談させてください。

A行　わかりました。経営者保証ガイドラインの方針の可否については、本

部と相談して後日連絡させていただきます。

仲間　よろしくお願いいたします。

　　仲間は、A銀行との電話を終えるとすぐに、Eリースに電話して、主債務者の破産申立てに至った経緯の説明とお詫びをしたのち、経営者保証ガイドラインの利用についての了解を求めた。

仲間　経営者保証ガイドラインの対象債権者は原則として金融機関とされていますが、「弁済計画の履行に重大な影響を及ぼす恐れのある債権」については、対象債権に加えることができるとされています。御社の債権額は約1億円ありますので、「弁済計画の履行に重大な影響を及ぼす恐れのある債権」に当たることから、対象債権とさせていただき、金融機関の債権とともに経営者保証ガイドラインによって整理させていただきたいと考えております。

E社　リース物件の処理等もありますので、少し検討させてください。

　　仲間は他の債権者にも同様に、電話で経営者保証ガイドラインの利用についての了解を求めた。その場での返答は留保されたものの、どの債権者からも大きな異論が出ることはなかった。後日、Eリースからも、対象債権者とすることに異議がないとの回答を得た。

4月15日（月）　15時

　　仲間、若井、貫井の3人が、仲間法律事務所で打ち合わせをしている。

　　この日までに、仲間は、Eリースを含むすべての対象債権者から経営者保証ガイドラインを利用して連帯保証債務を整理する方針それ自体については特段反対しない旨を確認していた。また、この日までに、順次、仲間のもとに、貫井の資産内容に関する資料（預金通帳、保険証券、解約返戻金の計算書、固定資産税評価証明書、家財道具目録）が届けられ、仲間から情報共有を受けた若井が暫定的に資産目録を作成していた。

資産調査
対象債権者の信頼のために十分な調査を

若井 通帳をみると、今年2月に100万円を引き出しているようですが、この使途は何でしょうか。

貫井 たしか、給料を支払う資金が100万円足りなくて、会社の口座に入金した記憶です。会社の経理上、役員貸付金として処理しているはずです。

仲間 そうでしたか。

　若井さん、会社の破産管財人から総勘定元帳と預金通帳の写しを取り寄せて、いまの点を確認しておいてください。

　経営者保証ガイドラインは、代理人による適切な資産調査と対象債権者への開示等に対する対象債権者の信頼のもとに成り立っている制度です。貫井社長、いろいろと細かいことをお尋ねしますが、手続をスムーズに進めるためですので、ご協力をお願いします。

　仲間と若井は、過去1年間の通帳の入出金履歴をみながら、資産の把握漏れがないかどうかひとつひとつ確認した。確認の結果、把握漏れは発見されなかった。

仲間 貫井社長。こちらは、お持ちいただいた資料をもとに若井さんがまとめた資産目録です。こちらの内容にお間違いないでしょうか。

貫井 はい。間違いありません。

　このとき確認された貫井の資産は、生活費等に使われた結果、3月16日の打ち合わせ時点よりも目減りしており、現時点で預貯金約100万円、保険解約返戻金約50万円、オーバーローン不動産のみであった。

一時停止等の要請
送付日が基準日となる

仲間 それでは、本日確認した資産・負債の状況を前提に、明日付けで対象債権者に対して、一時停止等の要請を送付します。一時停止等の要請は、

知で、この送付日を資産・負債の金額算定の基準日として、同日時点の資産で債務を弁済することになります。

　仲間と若井は、貫井に対し、免責不許可事由の有無など経営者保証ガイドラインの他の要件を充たすか改めて確認したところ、問題なく充たしていた。そこで翌日、対象債権者に一時停止等の要請通知をFAX送信及び原本郵送の方法で送付した。

弁済計画の策定
弁済は公平に

若井　一時停止等の要請発出後の手続の流れはどのようになるのでしょうか。

仲間　資産・負債の状況に照らして、対象債権者にどのような弁済ができるかを検討し、弁済計画を策定したうえで、対象債権者に資産目録と弁済計画の案を提示して、合意形成を図ることになります。

若井　本件の弁済計画はどうなるのですか。

仲間　本件では、自宅不動産の売却を先行させ、売却後、基準日時点の合計150万円の資産のうち自由財産相当額の99万円を手元に残し、残額51万円を対象債権者全員に弁済する計画を予定しています。インセンティブ資産を残さない計画ですが、この計画を立てた経緯を簡単に説明します。

　まず、予想では会社の破産配当は見込めません。しかし、主債務者からの回収見込額の増加がない事案でも、早期の意思決定によって保証人の資産の目減りを回避できたと評価できる場合はインセンティブ資産を残すことも可能です。仮に会社の事業停止が遅くなり貫井社長の個人資産を運転資金で使った場合、その後貫井社長が破産をしても債権者への配当はありませんが、いま貫井社長が破産すれば、社長の個人資産から破産管財人報酬などの手続費用を引いた残りが配当資金となり得ます。経営者保証ガイドライン上はこの配当分を上限にインセンティブ資産を残すことができるのです。

若井　それなら、本件でもインセンティブ資産を残すべきではないですか。

仲間　ですので、正式な弁済計画を策定する前に、対象債権者にこの配当差額をインセンティブ資産としたいと打診しました。多くの債権者が賛成してくれましたが、一部の債権者からインセンティブ資産を残すことに強い反対がありました。インセンティブ資産を残して債務者の早期決断を促す経営者保証ガイドラインの趣旨も説明したのですが、なかなかその債権者には理解してもらえませんでした。そこで、貫井社長と相談したところ、インセンティブ資産の金額がそれほど大きくないこと、早期の計画成立を目指したいという意向が強かったことから、インセンティブ資産の残存を目指すことを断念することにしました。

　　各債権者に対する具体的な弁済額は、信用保証協会の代位弁済、担保不動産の換価処分が行われたあとに決まります。担保権者への弁済を先行させて、非保全債権額（元本）に応じて按分弁済することになります。この弁済方法を「非保全プロラタ弁済」と呼ぶので覚えておきましょう。なお、貫井社長には、生命保険を解約して各債権者に弁済してもらう予定です。

代位弁済・任意売却
非保全債権額を確定させよう

　　Ｄ信用保証協会は、５月にＡ銀行に３億円、Ｂ銀行に１億円の代位弁済を実行した。

　　仲間は、６月に入り、貫井の自宅不動産の任意売却により5000万円をＡ銀行に弁済し、貫井は賃借物件に引っ越した。また、リース物件も引揚換価により2000万円がＥリースの債務に充当された。これにより対象債権者の債権額が確定した。

　　６月上旬、仲間が主債務者の破産管財人に、配当見込みを確認したが、破産手続は異時廃止により終結する見込みであるとのことであった。そこで、予定どおり自由財産の範囲を超える金額は弁済原資とすることにした。

　　債権額の確定と残存資産の範囲の決定により、貫井の弁済計画は、【別

表】の内容で確定した。

【別表】貫井の弁済額（概要）

	非保全額	非保全割合	弁済額
A行	3.5億円	33.98%	173,300円
B行	1億円	9.71%	49,515円
C行	1億円	9.71%	49,515円
D協会	4億円	38.83%	198,058円
Eリース	0.8億円	7.77%	39,612円
合計	10.3億円	100.00%	510,000円

対象債権者との協議
丁寧で誠実な説明を

　仲間が策定した弁済計画を、資産目録、表明保証書とともに、対象債権者に郵送したところ、さまざまな意見が寄せられた。対象債権者間の意見調整と情報の共有を目的にA銀行の支店でバンクミーティングを行うことになった。

9月10日（火）　10時

　バンクミーティングの冒頭、仲間は、簡単な挨拶をして、事前に送付した弁済計画の概要説明をしたうえで、質疑応答に移った。

A行　資産目録に関連して、貫井社長の当行預金口座から年2月に100万円の払戻しがあるのですが、この使途は何でしょうか。

仲間　この100万円はスーパーヌクイの従業員の給与に充てたとのことです。総勘定元帳と預金通帳により、確かに同日同社の預金口座に100万円が入金され、従業員の給与に充てられていたことを確認しました。

B行　開示された資産以外の資産はないということでよろしいでしょうか。

仲間　保証人から資産の疎明資料の提出を受け、過年度の通帳の入出金を中心にチェックしましたが、開示した資産以外は見当たりませんでした。保証人は表明保証をしていますので、この表明保証も併せて適正な資産開示がなされているものとご理解いただければ幸いです。

債権者からは弁済計画について明確な反対はなくバンクミーティングは
終了した。

若井　バンクミーティングは初めてだったので勉強になりました。でも、す
べてのケースでこれを実施するとなると大変ですね。

仲間　今回は債権者が多いことやさまざまな意見が寄せられたことからバン
クミーティングを開きましたが、債権者が少なかったり、それほど意見が
出なかったりするときは、電話で意向を確認するだけのときもありますよ。
債権者との協議は事案に応じて適切に行うということですね。

　　後日、すべての債権者から弁済計画に異議がないとの回答があった。そ
こで、仲間は調停条項案を作成し、債権者に郵送したところ、調停条項案
についても、すべての債権者から異議がない旨の回答があった。

特定調停の申立て
申立手数料は事前に確認を

仲間　若井さん。債権者が調停条項案についても異議がないとのことでした
ので、特定調停の申立準備をお願いできますか。

若井　わかりました。ただ、特定調停の申立ては初めてなので、もし書式や
提出資料の一覧等があれば教えていただきたいのですが。

仲間　日弁連が策定した特定調停スキームの手引きが日弁連のウェブサイト
に掲載されているから、それを参照してみてください。また、今回は利用
しませんが、中小企業活性化協議会における単独型もありますから、時間
があるときにでも確認してみてくださいね。

若井　わかりました。

仲間　特定調停の申立手数料について、申立予定の裁判所は相手方1社につ
き6500円とする運用です。裁判所によっては、相手方1社につき500円と
する運用（調停成立時の追納なし）のところもありますし、ごくまれに債
務免除額を基準とする運用だと伝えてくるところもあるので、申立手数料
は、事前に裁判所に確認しておきましょう。

　若井は特定調停スキームの手引きに従って、申立関係書類を作成し、10月1日（火）、裁判所に申立てを行った。

　その後、裁判所から期日調整と調停条項案は対象債権者との間で調整済みか確認の連絡があり、調停期日が11月5日（火）10時と指定された。

　調停申立書が相手方に送付されたところ、C銀行は遠方のため裁判所に出頭せず、電話会議を利用することになった。Eリースも遠方のため裁判所に出頭せず、こちらは民事調停法17条に基づく決定（17条決定）で対応することになった。

調停期日
協議は事前に済ませておく

11月5日（火）　10時

　期日当日を迎え、仲間らは裁判所にいた。裁判所によっては相手方ごとに個別で意見を確認する運用もあるが、本件の裁判所では最初から申立人である貫井、代理人の仲間、若井と、相手方であるA銀行、B銀行、D信用保証協会の担当者が同席する形式がとられた。

調停委員　調停条項の骨子は、申立人に99万円の資産を残して、それを超える金額を相手方の債権額に応じて按分で弁済し、残債務を免除するという内容ですね。事前に調停条項を協議済みとうかがっていますが、よろしいでしょうか。

出席者　はい。

調停委員　わかりました。では電話会議で参加しているC銀行にも確認しましょう。

　調停委員はC銀行に電話会議システムを利用して電話をかけ、C銀行も調停条項案を承諾していることを確認した。

調停官　それでは、双方協議が整ったということですので、調停条項のとおり成立といたします。

お疲れさまでした。

仲間　ありがとうございました。

▌　仲間らは裁判所を後にした。仲間法律事務所への帰り道。

貫井　ありがとうございました。調停は30分ほどで終わり、なんだかあっけない感じでした。

仲間　特定調停を申し立てる前に債権者とは協議済みですから、調停期日本番はだいたいこのような感じで早く終わっていますよ。

貫井　会社が破産となったときには自分も破産かと思い、将来に悲観的になっていたのですが、本当に今後の人生に希望を抱くことができました。先生方のおかげです。

仲間　いえいえ。債権者の同意が得られたのは貫井社長が誠実に経営をしてきたからです。素晴らしい人生になるよう祈念しています。

貫井　本当にありがとうございました。

　その後、Ｅリースの17条決定も異議なく確定した。

　後日、貫井は、債権者への弁済を済ませたうえ、仲間法律事務所へ挨拶とともに預けていた資料を受け取りに来た。

　事務所を訪れた貫井の表情は、最初に現れたときとはまるで別人のようであった。仲間はスーパーヌクイと貫井の債務整理でのいろいろな出来事を思い出しながら、貫井と家族の人生に思いを馳せるのだった。

ま と め

　今回は、法人破産申立ての際に必ずといってよいほど関係してくる、会社の代表者個人の債務整理の問題をストーリーでみていきました。

　従前は、法人が破産すると、法人の金融機関からの借入れの連帯保証人となっている代表者も破産を選択することが通例でしたが、いまは経営者保証ガイドラインがありますので、破産せずとも経営者保証ガイドラインを利用した私的整理により保証債務の整理ができるようになりました。ストーリーのような主債務者の法人が破産の清算型の場合であっても、代表者個人は、日弁連が提唱する単独型の特定調停による処理が可能となります（中小企業活性化協議会における単独型もあります）。

　読者のみなさんもぜひ経営者保証ガイドラインの利用を検討し、実際に利活用していただきたいと思います。詳細は、『実践 経営者保証ガイドライン』を参照してください。

一 歩 先 へ

- ●残存資産……『実践 GL』142頁、『GL 実務と課題』94頁
- ●対象債権者とのコンタクト方法……『実践 GL』218頁
- ●資産調査の方法……『実践 GL』135頁
- ●一時停止等の要請……『実践 GL』223頁
- ●弁済計画の策定……『実践 GL』192頁、『GL 実務と課題』66頁
- ●対象債権者との協議……『実践 GL』228頁
- ●バンクミーティング……『実践 GL』230頁
- ●特定調停の申立て『実践 GL』234頁、『GL 実務と課題』258頁
- ●中小企業活性化協議会スキームの利用……『GL 実務と課題』236頁

ストーリーⅢの振り返り
（経営者保証ガイドラインの諸論点）

株式会社スーパーヌクイの代表者・連帯保証人だった貫井の債務について は、経営者保証ガイドラインによる債務整理を行った。

特定調停成立後、債権者への弁済も済ませた貫井は、仲間法律事務所に 預けていた資料を受け取りに来た。晴れやかな表情の貫井を見送り、仲間 弁護士と若井弁護士は、改めて経営者保証ガイドラインについて振り返っ た。

「法人の破産＝経営者の破産」という時代は終わった
弁護士の見極めが重要

若井 今回初めて経営者保証ガイドラインによる債務整理を担当しましたが、 金融機関との調整なども必要となり、正直、破産申立てとは違った面で気 を遣いました。仲間先生はどうして経営者保証ガイドラインに積極的に取 り組んでいらっしゃるのですか。

仲間 僕が弁護士になったころは「法人の破産＝経営者の破産」だった。だ けど、積極的に破産したい経営者なんていないよね。破産を回避したいと いうニーズが現実にあり、そのニーズに応えられる新しい制度ができた。 使わない手はないよね。だから積極的にチャレンジしてみようと思うんだ。 若井さん、経営者保証ガイドラインのメリットって何かな。

若井 ①破産を回避することができる、②信用情報の毀損を回避できる可能 性がある、③法的整理よりも残存資産を多く確保できる可能性がある、④ 自宅を残せる可能性がある、といったところでしょうか。

仲間 そうだね。弁護士からすると、破産はなじみがある制度だけど、破産 というのは重いラベリングだよね。そのラベリングを回避できるのは画期

的なことだよ。貫井社長の晴れやかな表情をみただろ。こんなにうれしい瞬間はないよね。

若井　しかし、破産手続を利用すべきか、経営者保証ガイドラインを利用すべきか、なかなか見極めがつきません。

仲間　経営者保証ガイドラインは、全対象債権者との合意に基づいて保証債務を解除する手続だから、金融機関の了解を得られない事案では経営者保証ガイドラインで処理することはできない。そのため、弁護士としては事案を適切に見極めることが大切だ。では、経営者保証ガイドラインを利用する際によく問題となる点を一緒に検討してみようか。

固有債務があったら即破産か①
対象債権者として取り込む

若井　法人が破産する場合、経営者自身がカードローンなどの借入れをしていることもよくあります。こういった経営者自身の固有債務は、保証債務ではないので経営者保証ガイドラインでは整理できず、破産するしかないのでしょうか。

仲間　確かに固有債務は、本来は経営者保証ガイドラインの対象ではないね。でも、破産しかないという考えは短絡的だよ。破産以外にも方法はある。1つ目は、固有債務を経営者保証ガイドラインの対象債権として取り込む方法だ。経営者保証ガイドラインでは「弁済計画の履行に重大な影響を及ぼす恐れのある債権者」を対象債権者に加えることができるので、この規定に基づいて、固有債権者の了解を得たうえで、経営者保証ガイドラインの枠組みで債務の整理を依頼する方法がある。

若井　そんなに上手くいくのでしょうか。

仲間　ポイントは経済合理性で、具体的には保証人の返済能力や、破産よりも多く回収できるのかという観点だ。経営者保証ガイドラインでの弁済額が破産より多くなるような場合には経営者保証ガイドラインの手続に参加してもらいやすいといえる。固有債務を対象債権として処理した事例もい

くつか公表されているよ。

若井　貫井社長も、リースの保証債務を対象債権として取り込み、経営者保証ガイドラインで整理することができました。これも経済合理性からの判断だといえますね。

固有債務があったら即破産か②
経営者保証ガイドラインの枠外で固有債権者と個別交渉

若井　固有債権者が経営者保証ガイドラインでの整理を拒否した場合はどうすればよいですか。

仲間　その場合は経営者保証ガイドラインとは別に処理するほかない。2つ目の方法は、いわゆる任意整理だ。いろいろな工夫があると思うけれど、残存資産や新得財産を原資として、①経営者保証ガイドラインの対象債権者と同率の弁済、②対象債権者と異なる率での弁済、③全額弁済（一括、約定弁済、リスケジュール）という方法があり得る。この場合のポイントも経済合理性だ。固有債権者にとって破産より任意整理のほうが多くの弁済を受けられると理解してもらうことが大切だね。

固有債務があったら即破産か③
見極めのポイント

若井　方法はよくわかりました。ただ、交渉前の相談段階で、経営者保証ガイドライン（＋任意整理）で整理できるのか、破産しかないのか、その見極めはどうしたらよいのでしょうか。

仲間　確かに難しい問題だけど、ポイントは2つあると思う。まず、固有債権者の数と債務額だ。固有債権者数が多く、債務額が多いほど、難易度は高くなる。協議が難航して出口がみえなくなると債務整理が完了しないので、固有債権者数と債務額をみて保証人と相談のうえ、破産を選択することもある。

若井　もうひとつのポイントはなんですか。

仲間　経営者保証ガイドラインで整理することが保証人の経済的再生につながるかという観点だ。和解のために無理な弁済計画を立てても家計を逼迫させるだけで経済的再生につながらない。そのような場合は破産を選択すべきだろうね。

若井　相談を受けた弁護士としては「固有債務がある＝破産」と結論づけるのではなく、整理の可能性を模索することが大事なのですね。

インセンティブ資産
主債務者清算でもインセンティブ資産を残すことができる

若井　経営者保証ガイドラインの手続を選択する場合、破産の場合と比べて保証人の資産を多く残すことができるといわれていますね。

仲間　「インセンティブ資産」と呼ばれる資産だね。経営者保証ガイドラインの場合、破産の場合に手元に残せる自由財産に加えて、早期の事業再生や事業清算の結果、対象債権者に生じた回収見込額の増加額の範囲内でインセンティブ資産を残す余地があるとされているね。

若井　経営者に経済的な動機づけを与え、早期の事業再生・事業清算の意思決定を促すためだと勉強しました。

仲間　そうだね。早期の事業清算で、法人及び保証人の将来の資産枯渇を防げるからね。対象債権者の回収見込額が増加したと評価できる場合には、その範囲内で、破産の場合より多くの資産を残すことが許されるよ。

若井　主債務者が清算の場合、主債務者が再生の場合とは異なり、金融機関がインセンティブ資産の残存に慣れていないと聞きました。貫井社長の事案でも1行の説得が難航しました。

仲間　インセンティブ資産を認めるのは、経営者に事業再生・事業清算の早期の着手を促すためだ。主債務者の清算と再生は地続きで、着手時点では見通しがつかない場合も多い。結果的に主債務者が清算になった場合でも、経営者の早期意思決定により対象債権者の回収見込額が増加したのであれば、インセンティブ資産を残すようにしないとね。「再生に失敗してしま

うと手元資産が残らない」なんてことになったら、誰も主債務者の事業再生に着手しなくなってしまうよ。

自宅不動産の処理
自宅の残存にあたっては、担保の設定状況の確認が重要

若井　経営者保証ガイドラインでは自宅を残せると紹介されることが多く、実際、貫井社長も当初はそれを期待されていました。ですが、結果的に貫井社長の自宅は、第三者に任意売却して主債務の弁済に充て、貫井社長は、賃貸住宅に引っ越して新生活を開始されました。

仲間　自宅を残せるかどうかの判断は、自宅の担保権の設定状況や評価額と回収見込額の増加額との関係によって決まるんだ。経営者保証ガイドラインの適用にあたって、自宅を残せる場合と、そうでない場合があるので、改めて整理してみよう。

　自宅不動産の検討にあたって、最初に行った作業は何だったかな。

若井　自宅不動産の現状の確認です。自宅不動産の登記情報を取り寄せて、担保権の設定状況を確認するとともに、不動産業者から査定書を取りつけ、自宅不動産の時価額を確認しました。

仲間　そうだね。その次は何をしたかな。

若井　主債務者からの回収見込額がどの程度見込まれるかを確認しました。貫井社長のケースは主債務者から配当が見込めず、主債務者・保証人双方からの回収見込額の増加額が乏しい事案でした。

仲間　そうだったね。では、貫井社長の事案を離れて、担保設定状況ごとに、どうやったら自宅を残す余地があるか順に検討してみよう。

主債務担保の自宅
自宅を残すことは難しいが、任意売却は可能

若井　経営者の場合、自宅は経営する会社の借入れ（＝主債務）の担保に供されている場合が多いですよね。貫井社長もこのパターンでした。

仲間　主債務の担保が設定されている場合は、オーバーローンの事案が多い
ね。この場合、担保権者が自宅不動産の担保価値を把握しているので、自
宅を換価して主債務の弁済に充当するのが通常だろう。ただ、このような
ケースでも、担保権者と相対交渉して、自宅不動産の評価額相当額の弁済
ができれば、自宅を残すことができる。担保権者と交渉して、親族が自宅
を買い取る方法で保証人の自宅を残した経験があるよ。

若井　いわゆる任意売却ですね。破産の場合でも同じ処理をすることがあり
ますね。自宅を残せるのは任意売却の場合だけですか。

仲間　経営者保証ガイドラインでは、公正価額弁済といって、保証人が担保
権者に対し将来収入から分割弁済する方法も紹介されている。担保権者と
協議が成立すればこの方法もあるけれど、厳しい交渉になることが予想さ
れる。保証人の将来収入が確実で比較的短期間に公正価額を支払いきれる
場合は検討の余地があるね。

住宅ローン担保の自宅
住宅ローンを支払い続けることができるかがポイント

若井　保証人の自宅に住宅ローンの担保が設定されている場合はどうでしょ
うか。

仲間　住宅ローン債務は、保証人の固有債務になるから、経営者保証ガイド
ラインで整理することはできない。ただ、住宅ローンの約定弁済の継続が
可能なら、自宅を手放す必要はないよ。対象債権者との関係では、オー
バーローンの自宅は無価値な資産として残存資産とすることが可能だ。住
宅ローン債権者も約定どおりの弁済が継続されれば異論を唱えることはな
いだろう。

　　また、住宅ローンの返済が進んでいたなどの理由で担保余剰が出る場合
でも、余剰額が回収見込額の増加額の範囲内に収まっていれば、対象債権
者との関係では余剰部分を「華美でない自宅」として残存資産とする余地
はある。

若井 住宅ローン担保の場合には、経営者保証ガイドラインを利用すれば、自宅を残すことができるケースが多いということですね。

仲間 そのとおり。住宅ローンの弁済継続が可能かは、専門家として適切に見極める必要があるが、住宅ローン担保の場合は、自宅の残存を積極的に検討すべき類型だといえるよ。

無担保の自宅
回収見込額の増加額の範囲内に自宅の価値が収まるか

若井 最後に、保証人の自宅に担保権が設定されていない場合はどうでしょうか。

仲間 この場合は、自宅を「華美でない自宅」として残存資産とできるか検討することになるね。①自宅の評価額が回収見込額の増加額の範囲内か、②自宅が華美でない自宅といえるかがポイントだ。

　自宅を価値のある資産として残存させる場合、経営者である保証人の早期の意思決定によって生じた回収見込額の増加額の範囲内に自宅の価値が収まる必要があるという点は、見落としがちなので要注意だ。特に、主債務者が破産の場合、回収見込額の増加額が小さい場合が多いので気をつけよう。

華美でない自宅
華美性を検討する局面は少ない

若井 「華美でない自宅」というフレーズはよく耳にします。華美性はどうやって判断するのですか。

仲間 「華美でない自宅」にあたるかどうかは、不動産の評価額、所在する地域、築年数、面積・外観、同居者の人数などの諸要素の総合判断になる。ただ、「華美性」の判断が必要なのは、自宅を価値のある資産として残す事案だけだ。自宅が無担保の場合か、担保余剰が生じる場合に限られる。

若井 しかも、いままでの話からすると、「華美でない自宅」であっても、

必ず自宅が残せるわけではないのですね。この点は気をつけないと。

仲間　そうだね。だから、「華美でない自宅」として自宅を残せる局面は案外少ないんだ。特に主債務者が破産の場合はね。とはいえ、自宅は、保証人の生活の拠点だからね。専門家としては、担保の設定状況を見極めて、自宅の残存ができないか検討することは大切だよ。

免責不許可事由への対応
債権者の理解を得るための工夫を

若井　経営者保証ガイドラインを利用するメリットがあったとしても、保証人に免責不許可事由があると、一切利用は認められないのでしょうか。

仲間　形式的にみると免責不許可事由に該当し得る事実がある場合であっても、軽微な場合には、経営者保証ガイドラインの適用は否定されないと解されているよ。例えば、無償又は廉価で資産を親族に譲渡していたものの、当該資産の価値自体が非常に低い場合など、破産手続であれば裁量免責が認められるような場合だね。

若井　では、軽微とはいえないような免責不許可事由があった場合はどうでしょうか。いまの例でいえば、当該資産の価値が相応に高額だったような場合です。

仲間　その場合でも、弁済計画を工夫して債権者の理解を得ることで、経営者保証ガイドラインを利用できることはあるよ。

　例えば、当該資産について、①その所有権や名義等を現実に保証人のもとに戻す、②相当価格の支払いを受けて資産状況を回復する、③当該資産を計算上保証人の資産とみなす、などといった対応が考えられるね。そして、当該資産の価値、処分に至った経緯・動機などや債権者の意見も踏まえて、弁済計画上、当該資産を弁済原資とするか、あるいは残存資産とすることになるんだ。

若井　免責不許可事由の有無について対象債権者との協議が難航することもありますよね。

仲間　問題となる免責不許可事由の内容や性質にもよるけれど、和解的な処理として、当該資産の評価額の一部を弁済原資に組み入れることで債権者と交渉し、弁済計画に同意してもらったことがあるよ。

若井　債権者の理解を得られるような弁済計画の工夫が重要ということですね。

特定調停か中小企業活性化協議会か
双方の特徴を踏まえて選択

若井　経営者保証ガイドラインでは準則型私的整理手続を利用する、とあります。貫井社長の件は特定調停を選択しましたが、中小企業活性化協議会も経営者保証ガイドラインでの整理に取り組んでいると聞きました。この2つの手続のどちらを選択するかですが、未経験者にはそもそも2つの手続のイメージがもてません。

仲間　特定調停については日弁連の「経営者保証に関するガイドラインに基づく保証債務整理の手法としての特定調停スキーム利用の手引」が、中小企業活性化協議会については「中小企業活性化協議会等の支援による経営者保証に関するガイドラインに基づく保証債務の整理手順」がそれぞれ公開されている。まずはこれを読んでみるといい。手続の流れが詳しく説明されているので、大まかなイメージはつかめると思うよ。

若井　では、特定調停と中小企業活性化協議会とどちらの手続を選択すればよいのでしょうか。

仲間　双方の手続の特長から、その事案でどちらが適切かを決めるのがいいだろうね。

　特定調停の特長は、手続費用の負担が少ないこと（ただし印紙代の運用には注意）、いわゆる17条決定により債権者の明示の同意がなくても成立させることができること、固有債務のような対象外債権者も柔軟に取り込むことができることだ。一方、中小企業活性化協議会の特長は、外部専門家と呼ばれる第三者の弁護士や公認会計士などの調査報告がなされること

によって弁済計画が検証できる、つまり債権者にとって弁済計画に同意しやすくなること、中小企業活性化協議会の助言や金融調整（金融機関調整）のサポートが得られることだ。

若井　特長はわかったのですが、各手続に適している事案というのはどのようなものですか。

仲間　一概にはいえないけれど、特定調停がよいと思う事案は、①債権者が特に問題なく弁済計画案に同意する事案、②積極的な同意はできないが消極的な同意はする（明示的に反対はしない）事案、③対象外債権者が複数いるような事案だろう。

　中小企業活性化協議会がよいと思う事案は、①債権者が第三者の検証意見を求めている事案、②債権者間で意見が分かれており金融機関調整が難しい事案だろう。また、中小企業活性化協議会の取組みには地域性もあるようなので、地元の取組状況について中小企業庁が公表している資料を確認したり、経験のある弁護士に相談したりするのもいいと思うよ。

若井　地域性も関係するのですね。

仲間　さらにいえば、先日ある弁護士から準則型私的整理手続をとらずに、債権者との合意書の締結だけで終了した案件があると聞いたよ。金融機関には課税上の問題（貸倒損失を損金算入でき、寄附金課税されないかなど）があるけれど、金融機関がその点を問題にしなければ相対の合意書締結のみで終了する場合もあるようだ。この点は金融機関の意見に従って手続を進めればよいと思う。

保証債務整理の新たな手法
経営者保証ガイドラインをファーストチョイスに

仲間　経営者保証の意義としては、モラルハザード防止、経営者に「覚悟」をもたせるということなどが説かれていて、それはそれで理解できるところもある。だけど、保証債務の顕在化の結果が破産一択というのは、重すぎるのではないかな。

経営者が会社の抜本的な整理をなかなか決断できない要因のひとつだと思う。経営者に早期決断のインセンティブを与え、再出発を容易にする。これからはそうした時代になってほしい。2022年3月に公表された「廃業時における「経営者保証に関するガイドライン」の基本的考え方」も、このような流れを示すものといえるね。

若井　そのためには、弁護士サイドも考え方を変えなければならないですよね。

仲間　そうだね。経営者保証ガイドラインでは、破産管財人や裁判所の判断が入らないし、基本的には対象債権者全員との合意が必要になるから、個別の事案ごとにきちんと調査したうえで、具体的な根拠に基づいて粘り強く対象債権者の理解を得るための工夫をすることが必要だ。これからも創意工夫を重ねながら、粘り強く、経営者保証ガイドラインに積極的に取り組んでいきたいと思っているよ。

ま と め

　今回も前回に引き続き、法人は破産を申し立てた場合であっても、連帯保証をしている代表者個人については、経営者保証ガイドラインを利用して保証債務の整理が可能であることを紹介しています。「法人の破産＝経営者の破産」という時代は終わったのです。

　弁護士も金融機関債権者もそして裁判所も含め、保証債務の整理は「経営者保証ガイドラインをファーストチョイスに！」という発想にシフトしていただきたいと思います。そのなかで、固有債務があった場合でも併せて債務整理ができる、清算型でもインセンティブ資産を残すことができる、自宅を残すことができる、といった、ある意味発想の転換に気づくことができるでしょう。

　詳細は、『実践　経営者保証ガイドライン』を参照してください。

一 歩 先 へ

● 経営者保証ガイドラインをファーストチョイスに……『実践 GL』94頁

● 経営者保証ガイドライン受任時の留意点……『GL 実務と課題』21頁

● 対象外債権者の取扱い……『実践 GL』208頁、『GL 実務と課題』128頁

● 自宅不動産の処理……『実践 GL』167頁

● 免責不許可事由への対応……『実践 GL』127頁、『GL 実務と課題』64頁

● 特定調停か中小企業活性化協議会か……『実践 GL』231頁

座談会

走りながら考える
答えはひとつじゃない

雑誌連載を振り返って

野村 この本は、「事業再生と債権管理」の3年間の連載をもとに生まれました。まず、連載はどのようにつくられたのでしょうか。

丸島 執筆者が全国各地に散らばっていましたので、リアル会議のほかに、ZoomやSlack、Dropboxなどの各種ツールをフル活用しながら原稿を執筆しました。今回の座談会もリモート形式での開催です。

浅井 リアルやZoomでの執筆会議を通じ、たくさん話をしましたね。深夜まで何時間もSlackでチャットしたこともありました。同じ事案の倒産処理方針について多人数で意見を交わすのは得難い経験でした。

野村 連載で登場した2つの事案を通じて、感覚の共有が図れた部分はありましたか。

山本 第1章で取り上げたシンド商会の事案は、予納金・申立代理人の弁護士報酬・解雇予告手当までは支払える事案でしたので、密行型も検討しました。しかし、Xデーの10日後に売掛金が入る見込みがあり、それによって最後の給料が支払える可能性があったことから、密行型ではなく、あえてオープン型を選択し、退職金債権以外の労働債権をすべて支払ってから申し立てることにしました。

河野 公租公課の滞納がなく、Xデー後に売掛金等が滞納処分を受ける心配がなかったこともオープン型を選択した理由のひとつですが、何より、ある日突然仕事を失う従業員のことを考えたら、労働者健康安全機構による未払賃金立替払制度を利用せず、1日でも早く、少しでも多く賃金が支払える方法を選択することが適切ではないかと考えました。そこは、私たち全員が一致していたところです。

岡田 連載での検討を通じて、許容される処理には幅がある、という点に気づきを得ることができました。第2章で取り上げたスーパーヌクイの事案では、売れ残った野菜などの生鮮食料品や酒類などの在庫商品の処理が問

題になりました。販売するのか、廃棄するのか、執筆者の間でも見解が分かれましたが、いずれの処理でも許容され得ることは、意見として一致していたと思います。

森本 この処理の幅について、許容される幅、超えてはいけないラインの感覚も執筆者間で共有できていたと思います。各人で処理が異なっても、さまざまな考慮をしたうえでの違いであることを改めて感じました。

丸島 各地の地域性や運用の差異も感じました。それらに留意しないと、議論がかみ合わないことがあります。倒産関連の書籍は大規模庁の運用を前提とするものが多いのですが、各地の運用の違いやその背景を念頭において参照する必要があるなと感じました。

山本 他庁の運用を知ることは、当たり前だと思っていた自らの庁の運用や法解釈を再確認して、理解を深める契機になります。

森本 連載の原稿作成では、執筆者間で何回会議を重ねても、まだまだ再検討すべき点が出てきて、議論が尽きない、その繰り返しでした。連載をもとにして生まれた本書でも、行間にはこの議論の熱さが詰まっているので、読者の方々には、ぜひ、行間を意識して読み直してみていただきたいです。

早期申立ての重要性

野村 早期申立ての重要性を理解してもらおうと、「密行型」と「オープン型」という法人破産申立てのイメージを提唱してきました。申立代理人の観点からストーリー形式で解説した本書では、そのイメージの「見える化」を目指しました。

小川 法人の破産申立てを受任したら「速やかに申立てをし、開始決定を得て破産管財人に引き継ぐべし」というプラクティスは、ずいぶん浸透してきたと感じます。8年前に初めて密行型で申し立てた案件では、公租公課庁から売掛金の滞納処分を受けるおそれがあったことから、財産保全の観点から密行型で申し立てました。その後、何度か密行型の申立てをするな

かで、混乱防止や財団形成の点からは密行型で申し立てられる案件はできる限り密行型で申し立てたほうがよいと実感するようになり、最近では、申立費用の確保等に問題がない事案では可能な限り密行型で申し立てるようにしています。

管納 最近、裁判所のある支部に密行型の申立ての事前相談をしたところ、「即日開始決定を出す必要性があるのでしょうか」という質問を受けました。破産管財人候補者の選定等、さまざまな事情があって結果的に即日開始決定を出すことが困難なこともあろうかと思いますが、可能な限り、事業停止後タイムラグなく破産管財人が選任されることが望ましいという理解を申立代理人・破産管財人候補者・裁判所の間でもっと広く共有できればな、と感じました。

河野 地方では、法人破産申立事件自体が少なくて、なかなか密行型は経験できないという感想をもたれる読者もいらっしゃるかもしれません。でも一件一件、この事案では密行型を選択できないかと考える経験を積み重ねていれば、いつか必ず実際に経験する機会がめぐってくると思います。そのときに、もう一度この本を読み返してもらえたら、とても嬉しいです。

密行型の申立ては全体最適につながる

河野 私も可能な限り早期の申立てを目指していますが、債権者からは、密行型申立ては「騙し討ちだ」といわれてしまうこともありますよね。

森 誤解してほしくないのは、債権者を騙し討ちするものではなく、債権者のためにも密行型がよいということです。財産保全、混乱防止の観点からは直ちに破産管財人に権限が移ることがベストで、それが債権者の配当の増大や、法律に基づく適正な権利関係の調整につながるということですね。冷静に広い視点でみれば、密行型、もしくは早期の破産手続開始決定がよいということです。この点は、スーパーヌクイの事案で強調して書いたつもりです。

野村　申立代理人として、破産財団となるべき財産を保全し、これを破産管財人に引き継ぎ、破産手続開始決定の効力のもとでの破産管財人による換価や利害調整に委ねることを考えたら、事業停止直後に破産手続開始を申し立て、破産手続開始決定を早期に受けるのが望ましく、そのタイムラグを最小化することを考えると、密行型が最適だという考えに思い至るはずです。

早期の相談の重要性

今井　早期申立てだけでなく、早期に弁護士に相談してもらうことも重要ですよね。スーパーヌクイの事案では、もう少し早く相談があれば、事業譲渡が実現したかもしれません。

山本　シンド商会の事案でもどうすれば破産を回避できたかを検討しました（第3章シーン4）。ネット通販が台頭してきた数年前、まだ資金繰りのコントロールが効いた1年前、事業譲渡の可能性があった半年前であれば、破産回避の余地もありましたが、新戸社長が弁護士に相談したのは、手形不渡りの1週間前でした。

野村　確かに早期に相談があれば、事業の清算だけでなく、さまざまな再生スキームを選択できる可能性が高まりますね。

今井　私が実際に担当した事案では、赤字経営が続いたため早期に清算したいというのが代表者の意向だったのですが、財務資料等を検討した結果、現状の赤字経営のままだったとしても1年程度は資金繰りがもつ見込みでした。そこで、清算の準備と並行して事業の譲渡先を探したところ、無事に譲渡することができました。経営者の方が、「自分が作り上げたブランドが残り続けるのがとても嬉しい」と喜んでくれたのが強く印象に残っています。

森　弁護士側も「経営者が破産の相談に来ているから破産ありき」と考えるのではなく、目の前の事案に対しなんとかして事業が継続できないか、と

いう発想をもってほしいなと思いますね。本書でも何度か言及しましたが、雇用確保など事業継続の意義があり、わずかでも継続の可能性が見いだせる場合には、安易に破産を選択するのではなく、金融機関と相談しながら事業継続の途を探るのも弁護士の重要な役割だと思います。

菅納 とはいえ、資金ショート目前になって初めて相談に来る経営者が多いのも事実です。

森 その点は、弁護士の経営者へのアピールが不足していると思います。ただ、実態として経営者にとって弁護士への相談のハードルが高いことは否定できませんので、早期相談につなげるには経営者だけでなく、会社を日常的に支援している税理士などの専門家や中小企業支援団体に、早期相談の重要性を理解していただくことも重要です。

小川 同感です。資金繰りに時間をとられて抜本再生のタイミングを逃している企業は少なくありません。経営者の方に早期に経営の専門家に相談することが重要であることを理解してもらうとともに、われわれ弁護士も経営の専門家として認識してもらう必要がありますね。

今井 そうですね。私や森さんは、日弁連中小企業法律支援センターの委員として、他士業への経営者保証ガイドラインの研修講師を務めていますが、経営者の再チャレンジやインセンティブ資産を残すためには早期の相談・着手が重要という点を強調しています。弁護士への早期相談の重要性が他士業にも浸透するような取組みが必要ですね。

浅井 税理士の先生など事業者と多く接する方々に、弁護士への早期の相談がクライアントにとって有用であることを理解してもらうことが大切だと思います。

小川 その前提として、われわれ弁護士側も経営の専門家たり得るために、会計知識の習得等経営知識を身に着ける必要があります。

浅井 事業再生は弁護士に向く仕事だと思いますが、専門的に取り組んでいる弁護士は多くありません。まずは弁護士側の意識改革が必要です。自分自身としては準則型私的整理を含む再生案件に積極的に関与していきたい

と考えています。

丸島　私的整理手続では債権者等と交渉する機会も多くありますが、交渉は弁護士の本来業務です。事実の調査・整理、依頼者や各関係者との間での利害調整や説明もそうですね。利害関係が対立する局面でも冷静に話を進められるというのは、弁護士の強みだと思います。

破産申立書の役割とは

野村　雑誌連載やこの本のなかで、惜しくも盛り込めなかった点はありますか。

小川　破産申立書の作成に関する記述が薄くなってしまった点が気になっています。申立書には、裁判所に対しては事案の内容を伝え事案に合った破産管財人を選任してもらう、破産管財人に対しては管財業務のポイントを理解してもらうという役割があるのですが、そうした点についてもう少し記載できるとよかったのではないかと思います。

山本　破産申立書作成の勘どころについては、シンド商会の事案で、①破産申立書の作成は正確に越したことはないが迅速な申立てを損なわない、②申立書類は破産管財人の視点に立って作成する、③管財業務に重要と思われる事情は報告書で説明する、とのエッセンスを確認しました（第1章シーン3）。正確性や完璧を求めるあまり迅速性が損なわれたり、ポイントを外してしまったりしては意味がありません。

管納　申立書の記載だけでなく、申立前に終わらせる契約と残す契約、返還する物件と残す物件の区別などといった判断は、管財業務に必要か否かという面から検討することになります。破産管財人への引き継ぎも、通りいっぺんの資料を渡して終わりにするのではなく、債権者対応や価値が劣化しやすい在庫の概要など、初動に必要な事項をピックアップして優先順位を判断できるようにしておくとスムーズですね。

森本　書式どおりに完璧に揃えなければならないという意識で臨む必要はな

く、管財業務に必要なものはなにかという観点から取捨選択すべきですし、また、それで十分だということです。

小川　いまは、それぞれの裁判所の書式が充実しているので、申立代理人弁護士も裁判所も、その書式に記載すべき情報が網羅的に記載されているかどうか、必要とされている疎明資料が添付されているかどうかという点を気にしがちですが、そもそも申立書の役割は何か、というところが忘れられがちな気がしています。

森本　申立準備の期間が数日しかないけれども即日開始決定をもらわないといけない事案の場合には、実態財産の内容と金融債務の金額で債務超過が明らかであれば、破産原因の疎明としては十分です。あとは、裁判所に申立会社の概要、管財業務の要点がわかる資料を提出すれば足ります。その他の資料は開始決定後に追完すればよいですし、場合によっては破産管財人に事業所等の現場で直接情報を引き継ぐことで足りるケースも多いですからね。

法人破産申立ては「走りながら考える」

野村　ところで、法人破産申立て事案の特徴は何でしょう。

岡田　法人破産申立てでは、いったん方針を決めて走り始めたあとに、事前には予期していなかった問題が出てきて、それをどう乗り越えるか、走りながら必死になって考えて対処していくことが多いですよね。

河野　そうですね。申立代理人は、Xデーまでは会社のごく一部の人としか話をしないので、Xデー後に初めてわかる事情がどうしても出てきます。Xデー直後に保険会社から「先々週に会社の車で従業員さんが人身事故を起こされています。今月末の保険料をお支払いいただけないと、事故が保険対応になりませんが、よろしいですか？」と指摘されたこともありますし、従業員から「賃金台帳に記載のない毎月1万円の交通費を社長との約束でもらってきた」と主張されたこともあります。つどつど、その場で考

5章

えて判断するのですが、それがやりがいでもあります。

丸島 倒産という究極の混乱の場面で、複雑に絡み合う権利関係に臨機応変に対応し、秩序立てて整理をする。書籍を調べてもわからないことを倒産法の基本に立ち返って自ら判断する。緻密に考え、大胆に行動する。法人破産申立ては、こうした作業の繰り返しであり、まさに「走りながら考える」必要があります。大変ではありますが、自分の考えた全体最適となる結論に落ち着いたときの達成感は、何物にも代え難いものがあります。

今井 スーパーヌクイの事案で、Xデー前日に破産するといううわさが取引先に流れてしまって、取引先が納入した商品を返せと押しかけてきた場合、どう対処するか。あるいは、同じくスーパーヌクイの事案で、Xデーの直前3日間が突然の荒天となり、売上げが激減して、予定していた従業員の解雇予告手当等の支払原資が確保できなかった場合、どう対処するか。こうしたことは、現実でも起こり得ることですよね。

丸島 そんなとき、結果だけをみて、なんでもかんでも申立代理人の責任とされてしまうと、怖くて破産申立てなど行えないということになりかねません。もちろん、適切な事件処理をすることは当然の前提ですが、申立代理人の責任を重くみる近時の議論に危惧を抱いています。

岡田 申立代理人は、限られた時間のなかで、限られたリソースをもとに、優先順位をつけて申立ての準備をしています。そのため、あとから振り返ると、より適切な対応があり得たということもあります。申立代理人の責任を考えるにあたってはこうした申立ての実情を考慮すべきです。

管納 走りながらその場で考えて判断するので、あとから振り返ってみると理論的には100点満点ではないかもしれませんが、それも含めて多数の利害関係者との間で「丸く」解決して流れを壊さないようにする、というのが特徴だといえると思います。

森本 シンド商会の事案もスーパーヌクイの事案も、この本では、その事案の特性を踏まえたひとつの処理のあり方を示しています。状況が変われば、対処も変わります。これらを踏まえて、応用やほかの展開を考えながら読

んでいただけると嬉しく思います。

将来への希望・展望

浅井 弁護士登録後まもなく、個人事業主の夫婦が「金融機関への返済猶予の申入れの方法を知りたい」と市民法律相談にいらっしゃいました。金融円滑化法施行直後で金融機関側の運用も固まっておらず、相談時間内で金融庁のウェブサイトをみるなどして必死に手続をお伝えしました。ただ、持参された財務諸表をみて、廃業も検討すべきと助言を添えたところ、よかれと思っての助言でしたが、ご夫婦の顔が曇ってしまいました。廃業の結論はやむなしでも、ご夫婦の将来も見据えて、慎重に助言すべきだったと、いまでも思います。われわれ弁護士の一言は相談者の一生を左右することがあり、その重みを自覚しながら、業務に取り組む必要を感じます。

野村 若手の頃の経験ですね。その経験を踏まえてですが、倒産事件の将来についてコメントをお願いします。

浅井 新型コロナウイルスの感染拡大を経て、債務超過に陥る事業者が増加することが見込まれます。経営者の高齢化と相まって、廃業を選択する事業者が増えてくるはずです。そのすべてを廃業で終えてよいのでしょうか。各地で、窮境企業の事業の承継・再生・清算を担当でき、事業の維持継続に向けて働くことができる実務家が求められています。地域の事業者の支援のために、倒産事件を積極的に手がける若い先生の登場を期待したいです。

今井 弁護士が関与して適切な対応をすることで、経営者の再チャレンジのサポートをすることができます。仮に法人が破産せざるを得なかったとしても、経営者保証ガイドラインの利用可能性もあります。逆に、弁護士が関与しなければ、経営者は行きづまったら夜逃げするしかなく、経済的再生を図ることもできません。弁護士の存在意義が問われる状況になりつつあると思っています。

管納　2020年から福岡県中小企業再生支援協議会（現・中小企業活性化協議会）のサブマネージャーを務めていますが、コロナ禍にあって、法的整理の前段階あるいは法的整理に代わる手法として、私的整理の役割が広がっていることを実感していますし、経営資源の引き継ぎのため、事業承継・引継ぎ支援センターなどとの連携にも喫緊の課題として取り組んでいるところです。また、いわゆる特例リスケの出口では弁護士の出番が増えそうです。仮に法人は破産を免れないとしても、経営者については経営者保証ガイドラインによる保証債務整理（単独型）に積極的に取り組んでもらいたいですね。

浅井　経営者保証ガイドラインは、法人破産に取り組むすべての弁護士に知ってもらいたい制度です。経営者の保証債務を債権者との合意に基づいて整理する制度です。これから実例が積み重なっていく制度ですから、若い先生にこそ、制度の意義を知ってもらって積極的に利用してほしいです。

森　同感です。キャッシュレス社会のなかでは、法人が破産したのだから今後は現金だけで暮らしなさいというのは生活再建にとってあまりにも酷ではないでしょうか。経営者保証ガイドラインにより破産することなく債務を整理し、生活再建、再チャレンジにつなげていくということはその経営者個人にとっても社会全体にとっても重要なことです。事業の失敗はある程度避けられないものではありますが、一度の失敗ですべてが失われるということがないよう、弁護士もその意識をもって倒産事件に臨む必要があるのではないでしょうか。

若手弁護士に向けたメッセージ

野村　雑誌連載では、「若手弁護士必読」というキャッチコピーを付けました。その想いは、この本でも変わらないと思います。法人破産申立ての経験があまりない若手弁護士に向けたメッセージをお願いします。

丸島　弁護士会の倒産法を所管する委員会に所属しているのですが、委員会

に登録してバリバリ実働する若手弁護士が増えません。弁護士会全体としては10年前の2倍以上の会員数になっているにもかかわらず、です。

浅井 京都でも同様の傾向を感じます。

管納 福岡も同様です。倒産事件は、多数の関係者間の複雑な利害関係を段取りよく解きほぐして丸く決着させるという、とてもエキサイティングな仕事だと思いますし、やり遂げた時の達成感には中毒性すら感じますが(笑)、そもそも経験しないことには味わえませんからね。倒産事件が横ばい、減少傾向にあって、倒産事件を経験する機会が減っているからこそ、積極的に若手を巻き込んでいきたいです。また、倒産事件には何となく専門性が高そうでとっつきにくいイメージがあるのかもしれませんが、不安がある場合は、経験のある弁護士との共同受任をおすすめします。私は所属事務所の異なる弁護士と共同して倒産事件に取り組むことも多いですが、ミスを防げますし、事件の見立てや処理方法等についてとても勉強になりますよ。

河野 まだ駆け出しだったころ、ボスと一緒に入った相談で、破産を覚悟してきた経営者の方に対して、持参資料をいろいろみた結果、ボスが「破産しなくてもいいんじゃないですか」と説明し、結局破産を回避したことがあります。こういうことができるようになるって、率直にかっこいいと思いませんか。コツコツ研鑽して少しずつ経験すれば必ずできるようになりますし、仕事が面白くなると思うのです。

森 そうですね。破産は債務整理の究極の手段ではありますが、ひとつの選択肢にすぎないということもできます。手続の選択においては、自力で事業継続できるか、スポンサーによる支援で事業継続や事業譲渡ができるか、スポンサーもおらず自力での継続が難しくても従業員、事業用資産などの経営資源の引き継ぎができないかということを考えます。その過程では、企業の経営状況や資金繰り、スポンサー探索・交渉、金融機関調整などの総合的な判断・対応によって実行していくことになります。そう簡単にできることではないですが、その反面非常にやりがいと面白さがあります。

法的な裏付けは必要ですが、法律だけでは解決がつかない問題に挑戦する
ことの醍醐味を、ぜひ多くの方に味わってもらいたいと思います。

今井 密行型の破産申立前から水面下でスポンサー候補の当たりをつけて、
破産申立後に保全管理人のもとで事業譲渡をしてもらうという案件に携
わったことがあります。破産申立前後の混乱対応と、スポンサー候補対応
と、並行して対処するのは大変だったのですが、破産手続開始決定によっ
て事業に不可欠な許認可が失効してしまう業種だったので、この方法以外
では事業を残すことはできなかったと思います。

河野 申立代理人がしっかりとした準備をしつつ、裁判所、保全管理人と連
携することでうまくいった実例ですね。

今井 あるいは事業承継・引継ぎ支援センターのような公的機関による支援
や、「事業承継・引継ぎ補助金」などの各種補助金を利用することも考え
られます。いずれにせよ、単に申立書を作って提出するだけが破産申立て
ではなく、申立代理人の工夫次第でいろいろな可能性が広がるということ
は知っておいてほしいと思います。

小川 ひとつの企業とそれをとりまく利害関係人の人生に少なからぬ影響を
与える点で責任は軽くないですが、非常にやりがいがある仕事で、まさに
弁護士だからこそできる仕事だと思います。若手の先生にはそのやりがい
をぜひ実感してほしいですね。

野村 話は尽きませんが、これで座談会を終えたいと思います。リアルでお
会いできないのが残念ですが、また集まれる日を楽しみにしています。本
日は、ありがとうございました。

まとめ

　「事業再生と債権管理」161号（2018年7月5日号）から始まった連載は、3年にわたりました。2020年からは、新型コロナウイルス感染症の感染拡大に伴い、全国各地の執筆者のみなさんとリアルでお会いする機会がなくなりました。今回の座談会でも話題となった「感覚の共有」の機会が減ってしまうのではないかと危惧しましたが、雑誌は定期刊行を維持され、その成果が本書に結実しました。

　事業を停止して、債権者に通知し、ほとぼりが冷めたあとで準備をして、破産申立て、破産手続開始決定が出たら申立代理人の仕事は終わり！　ではないことをご理解いただきたいと思います。最後の選択肢である破産を選択せざるを得ないなかでも、多数の債権者、利害関係人にいかに迷惑をかけないようにできるか考え、実行することが大切でしょう（本連載の事案においては検討したものの断念した事業再生の可能性についても積極的に検討し、取り組んでいただきたいと思います）。端的にいえば、やはり早期申立てでしょう。そのことは代表者の再チャレンジにも資することとなります。

ストーリー　法人破産申立て

2022年5月20日　　第1刷発行
2024年5月7日　　第4刷発行

監修者　野村剛司
執筆者　小川洋子／森本　純／今井丈雄／岡田雄一郎
　　　　河野ゆう／森　智幸／浅井悠太／丸島一浩
　　　　管納啓文／山本隼平
発行者　加藤一浩
印刷所　文唱堂印刷株式会社

〒160-8520　東京都新宿区南元町19
発　行　所　一般社団法人 金融財政事情研究会
企画・制作・販売　株式会社きんざい
　　　　編集部　TEL 03(3355)1758　FAX 03(3355)3763
　　　　販売受付　TEL 03(3358)2891　FAX 03(3358)0037
　　　　URL https://www.kinzai.jp/

＊2023年4月1日より企画・制作・販売は株式会社きんざいから一般社団法人
金融財政事情研究会に移管されました。なお、連絡先は上記と変わりません。

ISBN978-4-322-14154-2